JN025762

英文精読教室

第3巻

口語を聴く

柴田元幸 編・訳・註

研究社

英文精読教室

第３巻

口語を聴く

PRINTED IN JAPAN

はじめに

今年の４月に『英文精読教室』第１・２巻を刊行したところ、幸い多くの読者を得ることができ、こういう本が欲しかった、という趣旨のコメントをあちこちでいただきました。原文で英語の小説を読む楽しみを味わいたいけれど、独力で読むのはちょっと厳しい、という方が実はかなりいらっしゃるのではないかという、僕と研究社の憶測は、そう外れていなかったようです。

１・２巻を作るにあたって、意識したことが二つあります。ひとつは、詳しい註はつけるけれど、文法用語は極力使わず、「これは分詞の主語と主節の主語が一致しない懸垂分詞構文である」といった言い方は避け、文の構造はもちろんきちんと考えつつ、言葉の響きやニュアンスから意味に入っていけるように註を作成する（少なくとも目標としては）。もうひとつは、邦訳の紹介はいっさいせず、とにかくここにある英文がすべてであるかのようにふるまう。

今回もこの方針をほぼ踏襲しましたが、加えて、辞書からの例文は１・２巻より増やしました。「こんな例文、わざわざ辞書を見なくたって、インターネットで見つかるじゃないか」と思われる方もいらっしゃるかもしれませんが、辞書に載っている例文はほぼみんなそれなりに適切であるのに対し、ネットで見つかる情報は例文の質としては玉石混淆であり、どれが適切かを判断するにはそれなりの語学力が必要です。学習途上の皆さんが（まあ本当は誰もが学習途上なんですが）よい辞書をていねいに読むことは、ネット時代でも十分意味があります。そのことを間接的にアピールできればと思ったのです。

第3・4巻も、まずは編者がこれまで読んだり訳したりしてきたなかで、とりわけ面白いと思った短篇小説を選び、それぞれひとつのテーマに沿って作品を並べてあります。第3・4巻は「口語を聴く」と「性差を考える」。シリーズ第1巻から順に読む必要はありません。ご自分が惹かれるテーマから手にとっていただければと思います。各巻、まずはウォームアップ的にごく短い作品を据えたあとは、時代順に並んでいますが、これも順番に読む必要はありません。各作品の難易度を1～3で示してありますから(1が一番易しい)、読む際の目安にしてください。ご自分の読みが妥当かどうかを確認してもらえるよう、右側のページには対訳を盛り込みました。少し語学的に敷居が高い、と思える作品に関しては（あるいは、原文だけで読むのはまだ少ししんどい、という場合は）、まず対訳を読んでもらってから原文に向かう、というやり方もあると思います。

それぞれお好きな形で楽しみ、あわよくばついでに学んでいただけますように。

編訳註者

英文精読教室
第3巻
口語を聴く

目次

Those Who Don't

Sandra Cisneros

わかってない奴ら

サンドラ・シスネロス

サンドラ・シスネロス
(Sandra Cisneros, 1954-)

アメリカの作家。チカーノ（メキシコ系アメリカ人）の作家というと多くの読者がまずこの人を思い浮かべる。"Those Who Don't" が収められている連作短篇集 *The House on Mango Street* はその代表作で、シカゴのヒスパニック系地域に暮らす女の子の目から共同体の日常が活きいきと描かれ、高校や大学の教材としても広く読まれている。1983 年、84 年にテキサスのヒューストン大学の出版社 Arte Público Press から刊行され、91 年に現代文学ペーパーバックの人気シリーズ Vintage Contemporaries に収録されて一躍世に知られるようになった。

Those who ❶don't know any better come into our neighborhood ❷scared. They think we're dangerous. They think we will attack them with shiny knives. They are stupid people who are ❸lost and got here by mistake.

But we aren't afraid. We know the guy with the ❹crooked eye is Davey the Baby's brother, and the tall one next to him in ❺the straw brim, ❻that's Rosa's Eddie V. and the big one that looks like a ❼dumb grown man, he's Fat Boy, ❽though he's not fat anymore nor a boy.

All brown ❾all around, we are safe. But watch us drive into a neighborhood of another color and our knees ❿go shakity-shake and our car windows ⓫get rolled up tight and our eyes look straight. Yeah. ⓬That is how it goes and goes.

❶ don't know any better <know better:「分別がある」「わきまえている」という意味で使われ、つねに than ... が隠れている。*I know better (than that).*（そのくらいのことはわかっています；その手はくわないよ。『コンパスローズ英和辞典』）

❷ scared: 怖がった、怯えた

❸ lost: 迷子になった

❹ crooked /krʊ́kɪd/: 歪んだ、ねじれた

❺ the straw brim: 麦わら帽子。brim は本来帽子のつばのことだが、俗語ではこのように帽子全体を意味することも。

❻ that's Rosa's Eddie V.: あれはローザの（彼氏か夫の）エディ・V だ。この前の the guy ... is Davey the Baby's brother（あの男はデイヴィ・ザ・ベイビーの brother だ）もそうだが、単に「あれは誰それだ」だけではなく、兄弟やパートナーなどにも触れ、その人の人間関係も伝えていることが大事。それだけ、

わかってない奴らは、あたしたちの住む界隈に怯えて入ってくる。あたしたちのこと、危険な奴らだとあいつら思ってる。ぴかぴかのナイフであたしたちが襲ってくると思ってる。奴らは道に迷って間違ってここに行きついた馬鹿な連中だ。

でもあたしたちは怖がったりしない。あそこのガチャ目の男はデイヴィ・ザ・ベイビーの兄貴だとわかってるし、隣にいる背の高い、麦わら帽をかぶってる、あれはローザの彼氏のエディ・V。で、知恵の足りない大人みたいに見える大男、あれはファット・ボーイ、もうファット（でぶちん）でもボーイでもないけど。

周りじゅうみんな茶色い肌で、あたしたちは安全。だけど、違う色の界隈にあたしたちが車で入ってくところ、見てみるといい。膝ががっくがく震えて、車の窓はぴったり閉めて、目はまっすぐ前を向いてる。そう。そうやってみんなぐるぐる回ってるわけ。

たがいがたがいをよく知っているコミュニティだということが伝わってくる。

❼ dumb: 愚かな

❽ though he's not fat anymore nor a boy: 今度は人間関係を伝えてはいないが､代わりにその人物の過去（太った子供だった）まで知っていることがわかる。

❾ all around: あたり一帯

❿ go shakity-shake: 単に start shaking というよりずっと活きいきとした響きがあって、ラテン的なノリのよさを感じさせる。

⓫ get rolled up <roll up: かつて自動車の窓を、もっぱら取っ手を回して開け閉めしていた時代によく使われた表現。

⓬ That is how it goes and goes: That is how it goes だけでも「そういうふうになっている」の意味になるが、goes and goes とすることで、同じような事態が立場を入れ替えてどこでも起きている感じが生じる。

ちなみに

The House on Mango Street はシスネロスのデビュー作であり、この後の作品は登場人物も成長し、大人の女性について書くことが多くなっていく。官能的な詩 "You Bring Out the Mexican in Me"（あなたはわたしのなかのメキシコ人を引き出す）などはその典型だろう。ちなみにベトナム系アメリカ人詩人バオ・フィー（Bao Phi）は、この詩に触発されて "You Bring Out the Vietnamese in Me" を書いた。官能の代わりに自虐を基調とした（だが最後は肯定的な響きで終わる）この詩のパフォーマンスはなかなか見ものである：https://www.youtube.com/watch?v=tt1Gt868b0Q

How I Edited an Agricultural Paper Once

Mark Twain

私の農業新聞作り

マーク・トウェイン

★★☆

マーク・トウェイン
(Mark Twain, 1835-1910)

アメリカの国民的作家として、広く知られているのみならず、実際に多くの読者に読まれ、愛されている作家。トウェイン以前のアメリカ文学は、テーマはアメリカ的でも文章はイギリス文学の延長線上にあったが、トウェインを代表とする 19 世紀後半の書き手たちは、きわめて口語的な英語を導入し、「文学」の概念を大きく変えた。その文章は「書かれた」ものというより「語られた」ものが持つ活きのよさがある。ここに収めた "How I Edited an Agricultural Paper Once" は、トウェインが頻繁に寄稿していた雑誌 *The Galaxy* の 1870 年 7 月号に掲載された。

❶I did not take ❷the temporary editorship of an agricultural paper without misgivings. Neither would ❸a landsman ❹take command of a ship without misgivings. But ❺I was in circumstances that made the salary ❻an object. The regular editor of the paper was ❼going off for a holiday, and I accepted ❽the terms he offered, and took his place.

The sensation of being at work again was ❾luxurious, and I ❿wrought all the week with ⓫unflagging pleasure. We ⓬went to press, and I waited a day with some ⓭solicitude to see whether my effort was going to ⓮attract any notice. ⓯As I left the office, toward sundown, a group of men and boys at the foot of the stairs ⓰dispersed with one impulse, and ⓱gave me passage-way, and I heard one or two of them say: "That's him!" I was naturally pleased by this incident. The next morning I found a similar group at the foot of the stairs, and ⓲scattering couples and individuals

❶ I did not take ... without misgivings: 私は不安なしには〜を引き受けなかった＝引き受けはしたが不安はあった

❷ the temporary editorship: 一時的な編集長・編集主幹の地位。「編集長」を和英辞典などで見ると the chief editor, the editor-in-chief としていることが多いが、実際は単に the editor ということが多い。*John Freeman was the editor of the literary magazine* Granta *until 2013.*（ジョン・フリーマンは2013年まで文芸誌『グランタ』編集長を務めた）

❸ a landsman: 陸上生活者、陸の人

❹ take command of ...: 〜の指揮を執る

❺ I was in circumstances that ...: 〜という状況にあった

❻ an object: 目的、動機

❼ go(ing) off for ...: 〜に出かける

❽ the terms he offered: 相手が示した条件

❾ luxurious: 贅沢な

❿ wrought: work の過去形。一世紀半前に書かれたにもかかわらずマーク・トウェ

農業新聞の編集長の職を一時的に引き受けるにあたって、私としてもためらいはしたのである。船乗りでもない人間が、船の指揮を引き受けるとなれば、やはりためらうことだろう。だが私は、給料というものを考慮せざるをえない立場にあった。いつもの編集長が休暇に出かけることになったため、私は提示された条件を受け入れ、彼の座を引き継いだ。

久しぶりに仕事をするのは何ともいい気分であり、一週間ずっと、楽しさは一時（いっとき）も揺るがなかった。そしていよいよ原稿を印刷所に回すと、一日のあいだ、己の努力が人目を惹くだろうかと、いささか不安な思いで待った。夕暮れ近くに新聞社を出ると、階段の下に集まっていた男たち――中には子供も交じっている――の一団がさっと散らばって私を通してくれた。一人か二人が「あいつだ！」と言うのが聞こえた。当然ながら、私は気をよくした。翌朝出勤すると、やはり同じような一団が階段の下に集まっていて、通りや

インの英語は驚くほど古びていないが、さすがに単語レベルでは、このようにいまでは使われないものがいくつかある。

⓫ unflagging: 衰えない、弱らない。flag: 萎える、薄れる

⓬ went to press <go to press: 印刷に回す。cf. printing press: 印刷機

⓭ solicitude: 心配、気をもむこと

⓮ attract (any) notice: 注目を集める

⓯ As I left the office, toward sundown: きわめて基本的なことに一度だけ触れておくと、as の基本的な意味のひとつとして、「〜するとき」がある。ここのように、時間を示す語句（toward sundown＝日没近くに）があればたいていはこの意である。as が「〜ので」という because, since の意味で使われることは意外に少ない。

⓰ dispersed with one impulse: 直訳は「ひとつの衝動とともに散らばった」。

⓱ gave me passage-way: 現代英語なら let me pass あたりか。

⓲ scattering: 分散している、ちりぢりの

standing here and there in the street, and ❶over the way, watching me with interest. The group separated and ❷fell back as I approached, and I heard a man say: "Look at his eye!" I pretended not to observe the notice I was attracting, but secretly I was pleased with it, and ❸was purposing to write ❹an account of it to my aunt. I went up ❺the short flight of stairs, and heard ❻cheery voices and a ❼ringing laugh as I drew near the door, which I opened, and ❽caught a glimpse of two young, ❾rural-looking men, whose faces ❿blanched and ⓫lengthened when they saw me, and then they both ⓬plunged through the window, with a great ⓭crash. I was surprised.

In about half an hour an old gentleman, with a flowing beard and a fine but rather ⓮austere face, entered, and sat down at my invitation. He seemed to ⓯have something on his mind. He took off his hat and set it on the floor, and got out of it a red silk handkerchief and ⓰a copy of our paper. He put the paper on his

❶ over the way: across the street
❷ fell back <fall back: 退く、下がる
❸ was purposing to ...: 〜しようと思った
❹ an account: 説明、報告
❺ the short flight of stairs <a flight of stairs:（方向の変わらない）ひと続きの階段
❻ cheery: 上機嫌の、快活な
❼ ringing: 鳴り響く（loud and clear）
❽ caught a glimpse of <catch a glimpse of ...: 〜がチラッと見える
❾ rural-looking: 田舎風の
❿ blanch(ed):（恐怖などで顔が）青ざめる
⓫ lengthen(ed): 憂鬱な顔になる。cf. wear a long face: 浮かぬ顔をする

向かい側にも一人二人いて、興味津々私を見ている。近づいていくと人波は左右に分かれ、うしろに下がり、誰か一人が「見ろよ、あの目！」と言うのが聞こえた。自分が注目を集めていることに私は気づかないふりをしていたが、内心ひそかに喜んで、手紙で叔母に知らせよう、と思った。短い階段を、陽気な話し声と朗らかな笑い声が上で響いているのを聞きながらのぼっていき、ドアを開けると、二人の田舎者ふうの若者が見えた。二人とも、私を見ると顔から血の気が失せ、浮かぬ表情になった。そして二人揃って窓に体当たりし、ガシャンとすさまじい音とともに外へ飛び降りた。私は驚いてしまった。

三十分ばかりして、流れるようなあごひげと、端正な、だがなかなかに厳しい顔つきの老紳士が入ってきたので、私は彼に椅子を勧めた。老紳士は何か気がかりなことがある様子だった。帽子を脱いで床に置き、帽子のなかから赤い絹のハンカチと、わが社の新聞を取り出した。そうして新聞を膝の上

⓬ plunge(d) through ...: 〜に突進して突き抜ける
⓭ (a) crash: ガシャンという音
⓮ austere:（顔つき、態度が）厳めしい
⓯ have something on his mind: 何か考えていること、気にしていることがある
⓰ a copy:（本、雑誌などの）一部、一冊。「写し」ではない。

lap, and, while he polished his spectacles with his handkerchief, he said:

"Are you the new editor?"

I said I was.

"Have you ever edited an agricultural paper before?"

"No," I said; "this is my first attempt."

"Very ❶likely. Have you had any experience in agriculture, ❷practically?"

"No, I believe I have not."

"Some ❸instinct told me so," said the old gentleman, putting on his spectacles and ❹looking over them at me with ❺asperity, while he folded his paper into a ❻convenient shape. "I wish to read you ❼what must have made me have that instinct. It was this ❽editorial. Listen, and see if it was you that wrote it:

"❾*Turnips should never be* ❿*pulled — it injures them. It is much*

❶ likely: たぶん、おそらく
❷ practically: 実際に
❸ instinct: 直感、勘
❹ looking over them at me: looking *through* them ではないので、眼鏡を通して見ているのではない。
❺ asperity: とげとげしさ
❻ convenient: 便利な、扱いやすい
❼ what must have made me have that instinct: 直訳は「私にその直感を持たせたにちがいないもの」。
❽ (an) editorial: 社説、論説
❾ Turnip(s): カブ
❿ pull(ed):（果物、野菜などを）もぐ、引き抜く

に置いて、ハンカチで眼鏡を拭きながら、

「君が新しい編集長かね？」と言った。

　そうです、と私は答えた。

「君、いままで農業新聞を作ったことはあるかね？」

「いいえ、これが初めてです」と私は言った。

「そうだろうな。農業を実際にやった経験はあるかね？」

「いいえ、ないと思います」

「うむ、何となくそういう気がしたんだ」と老紳士は言って、眼鏡をかけ、だがその眼鏡の上から険しい目で私を見ながら、新聞を手ごろな大きさに畳んだ。「どうしてそんな気がしたか、たぶんそのきっかけになったものを君に読んで聞かせよう。この社説だよ。聞いてみて、自分が書いたものかどうか確かめてくれ」

「カブは決して捥ぎ取ってはならない。傷んでしまうからである。子供を

better to send a boy up and let him shake the tree.

"Now, what do you think of that? — ❶for I really suppose you wrote it?"

"Think of it? ❷Why, I think it is good. I think it is ❸sense. I have no doubt that, every year, millions and millions of ❹bushels of turnips ❺are spoiled ❻in this township alone by being pulled in a half-ripe condition, ❼when, if they had sent a boy up to shake the tree — "

"❽Shake your grandmother! Turnips don't grow on trees!"

"Oh, ❾they don't, don't they? Well, who said they did? The language ❿was intended to be ⓫figurative, wholly figurative. Anybody, that knows anything, will know that I meant that the boy should shake ⓬the vine."

❶ for I really ...: 几帳面に言うなら I ask because I really ...
❷ Why:「言い始めのきっかけ・応答・驚き・いらだちなどの気持ちを表わす」(『コンパスローズ英和辞典』)。ここはひとまず「きっかけ」か。
❸ sense: 道理にかなったこと
❹ bushel(s): 本来は作物を入れる容器、または作物の単位（約 35 リットル)。
❺ are spoiled: 台なしになる、悪くなる
❻ in this township alone: この郡区だけでも（township は county〔郡〕の下の行政区分）
❼ when, if they had sent ...: この when は日本語では「〜なのに」「〜だというのに」に近い。「子供を木に登らせて揺すらせれば、傷めなくて済むのに」という流れ。*Why does she steal things when she could easily afford to buy them?*（買う金ならいくらでもあるのになぜ彼女は盗むんだ？ *Longman Dictionary of Contemporary English*）
❽ Shake your grandmother!: マーク・トウェインに特徴的な英語表現を集めた辞典 *A Mark Twain Lexicon*（Russell & Russell, 1963）の granny

木に登らせて、木を揺さぶらせる方が遥かに良い」

「さて、これをどう思うかね？　これを書いたのは本当に君なんだな？」
「どう思うかですって？　いいと思いますね。理にかなってると思います。きっと毎年毎年、この町だけでも、そりゃもうすさまじい量のカブが、まだ十分熟してないままもぎ取られるせいで駄目になっているにちがいありませんよ。だから子供を木にのぼらせて、揺さぶらせればですね——」
「何が揺さぶるだ！　カブは木に生(な)るんじゃないぞ！」
「あ、違うんですか？　でも誰が木に生るなんて言いました？　あれは比喩のつもりで言ったんです、まったくの比喩として。少しでも道理のわかる人間だったら、あれはつまり、子供にツルを揺さぶらせろってことだと察するはずです」

(grandmother の口語形）の項に似た用例が載っている。前後は省くが、"*Mumps your granny!*"（なぁにがおたふくよ！)、"*Camels your granny; they're spiders*"（ラクダのわけねぇだろ、クモだよ）等。
❾ they don't, don't they?:「え、そうなの」という感じ。マーク・トウェインの代表作 *Adventures of Huckleberry Finn* (1884/5) にもこの表現が出てくる。註❽で触れた「おたふく」云々の箇所である。"Mumps your granny! They don't set up with people that's got the mumps." / "They don't, don't they? You better bet they do with these mumps. These mumps is different."（「なにがおたふくかぜよ！　おたふくかぜにかかった人げん、ひと晩じゅうかんびょうしたりしないわよ」／「いやいや、この手のおたふくかぜでは、するんだよ。このおたふくかぜはちがうんだ」）
❿ was intended to be ...: ～であることを意図されていた
⓫ figurative: 比喩の（逆は literal= 字義どおりの）
⓬ the vine: ツル

Then this old person got up and ❶tore his paper all into small shreds, and ❷stamped on them, and broke several things with his cane, and said I did not know as much as a cow; and then went out, and ❸banged the door after him, and, in short, ❹acted in such a way that I fancied he was displeased about something. But, not knowing what the trouble was, I could not be any help to him.

Pretty soon after this ❺a long, cadaverous creature, with ❻lanky ❼locks hanging down to his shoulders and a week's ❽stubble ❾bristling from the hills and valleys of his face, ❿darted within the door, and ⓫halted, motionless, with finger on lip, and head and body bent in listening attitude. No sound was heard. Still he listened. No sound. Then he turned the key in the door, and came ⓬elaborately tip-toeing toward me, till he was ⓭within long reaching distance of me, when he stopped, and, after ⓮scanning my face with intense interest for a while, drew a folded copy of our paper from his bosom, and said:

❶ tore ... all into small shreds: ～をずたずたに引き裂いた（tore は tear /téɚ/ の過去形）

❷ stamp(ed) on ...: ～を踏みつける

❸ banged the door after him: ごく基本的な話だが、after は the door という語と非常に親和性が高い。*Remember to close the door after you.*（出たあとドアをちゃんとしめなさい。『ロングマン英和辞典』）

❹ acted in such a way that I fancied ...: ～だろうと思えるようなやり方で行動した。fancied <fancy: ～だと思う

❺ a long, cadaverous creature: のっぽの死人のような奴

❻ lanky:（人・手足などが）ひょろ長い

❼ lock(s):（髪の）房、巻き毛

❽ stubble: 無精ひげ

するとこの老人は立ち上がって、新聞をびりびりに引きちぎり、さんざん踏みつけ、杖をふり回していくつか物を壊し、貴様は牛ほどもものを知らんと言った。そうして部屋から出ていき、ドアがばたんと閉まった。要するに、何か気に入らぬことがあったのだろうと思えるふるまいだったわけだ。が、何が気に入らなかったかはわからないので、私としても手助けのしようがなかった。

その後まもなく、のっぽの、死体のように蒼白い、長い髪を肩まで垂らした、一週間分の無精ひげが顔じゅうの丘や谷からつき出ている男が部屋に飛び込んできて、ぴたっと立ちどまり、指を一本唇にあて、首を曲げ体も曲げて、何かに耳を澄ます姿勢になった。何の音も聞こえなかった。男はなおも耳を澄ました。何の音もしない。それから、ドアに差してある鍵を回してから、そろそろと爪先立ちで私の方に近づいてきて、手をのばせば届くあたりまで来て立ちどまり、少しのあいだひどく興味深そうに私の顔を眺めまわして、折り畳んだわが社の新聞を胸から取り出し、こう言った――

❾ bristling <bristle:（毛髪などが）逆立つ
❿ darted within the door: ドアから中へ突進してきた
⓫ halted: stopped
⓬ elaborately tip-toeing: 慎重に爪先で歩いて
⓭ within long reaching distance: long があるので、「手をのばせばどうにか届く範囲に」という感じ。
⓮ scan(ning): ～を細かく調べる、じろじろ見る

"There, you wrote that. Read it to me, quick! ❶Relieve me — I suffer."

I read as follows — and as the sentences ❷fell from my lips I could see the relief come — I could see the ❸drawn muscles relax, and the anxiety go out of the face, and rest and peace ❹steal over the ❺features like ❻the merciful moonlight over a desolate landscape:

The ❼guano is a fine bird, but great care is necessary in ❽rearing it. It should not be imported earlier than June nor later than September. In the winter it should be kept in a warm place, where it can ❾hatch out its young.

It is evident that we ❿are to have a ⓫backward season for grain. Therefore, it will be well for the farmer to begin ⓬setting out his corn-stalks and planting his ⓭buckwheat cakes in July instead of August.

Concerning the Pumpkin.—This ⓮berry is ⓯a favorite with the

❶ Relieve:（～の苦痛を）和らげる
❷ fell from my lips <fall from one's lips:（ことば・音声などが）漏れ出る
❸ drawn:（顔などが）緊張してピンと張っている
❹ steal over ...:（知らぬ間に）～に広がる
❺ features: 目鼻
❻ the merciful moonlight over a desolate landscape: 荒れはてた風景に広がる情け深い月光
❼ guano:《熱帯大陸沿岸や島に集まる海鳥（特に guanay) の糞が堆積硬化したもの；肥料》(『リーダーズ英和辞典』)。「糞化石」とも訳される。というわけで guanay（グアナイウ）という鳥は存在するが、グアノは鳥ではない。
❽ rear(ing): ～を飼育する
❾ hatch out its young: 子を孵（かえ）す
❿ are to <be to ...: 今後～しそうだ

「さあ、これ、あんたが書いたんだよな。読み上げてくれ——早く！　俺を楽にしてくれ。苦しいんだ」

私は以下の文章を読み上げた。一文一文が私の唇から出てくるにつれ、男がだんだん「楽に」なっていくのが私にはわかった。引きつった筋肉が緩んできて、不安が顔から抜けていき、荒涼とした風景を月光が優しく包むように、休息と安らぎが目や口に広がっていくのが見えた。

グアノは良い鳥であるが、飼育には細心の注意が必要である。六月より前、若しくは九月より後に輸入してはならないし、冬のあいだは雛(ひな)を孵(かえ)せるよう暖かい所に置いてやらねばならない。

今年は明らかに、穀物の収穫が遅れそうである。従って農家では、八月ではなく七月にトウモロコシの茎や、ソバ粉のパンケーキを植えるのが賢明であろう。

カボチャに関して。カボチャは果実類の中で一番、ニューイングラン

⓫ backward: 遅い、遅れた

⓬ setting out his corn-stalks: トウモロコシの茎を植える（！）。set out は一定の間隔を置いて植えるというニュアンス。

⓭ buckwheat cake(s): ソバ粉のパンケーキ

⓮ berry: 訳しようのない言葉のひとつ。strawberry, blueberry, raspberry ... と実例を挙げるのは容易なのだが（むろん pumpkin は berry ではない）。

⓯ a favorite with ...: ～のお気に入り

natives of the interior of New England, who prefer it to the ❶gooseberry for the making of fruit cake, and who likewise ❷give it the preference over the raspberry for ❸feeding cows, as being more ❹filling and ❺fully as satisfying. The pumpkin is the only ❻esculent of the orange family that will ❼thrive in the North, except ❽the gourd and one or two varieties of ❾the squash. But the custom of planting it in the front yard with ❿the shrubbery is fast ⓫going out of vogue, for it is now generally ⓬conceded that the pumpkin, as ⓭a shade tree, is a failure.

Now, as the warm weather approaches, and the ⓮ganders begin to ⓯spawn ——

The excited listener ⓰sprang toward me, to shake hands, and said:

"There, there — ⓱that will do! I know I am all right now, because you have read it just as I did, ⓲word for word. But, ⓳stranger, when I first read it this morning I ⓴said to myself, I

❶ gooseberry: スグリ
❷ give it the preference over ...: それを～より優先する（prefer it to ...）
❸ feed(ing): ～に食物を与える
❹ filling: 腹にたまる
❺ fully as satisfying: うしろに as the raspberry が隠れている。「(ラズベリーと同じくらい）十分満足できる（味である)」
❻ (an) esculent: 食べ物。特に野菜について言う。
❼ thrive:（動物、植物などが）よく育つ
❽ the gourd: ウリ
❾ the squash: pumpkin はハロウィーンの季節に顔を彫る色と形のカボチャだが、squash というと普通ヒョウタン型のカボチャを指す。
❿ the shrubbery: 低木の植込み

ド内陸の住民に人気がある。人びとはフルーツケーキを作るにもスグリよりカボチャを好み、牛の餌としてもラズベリーよりカボチャを好む。カボチャの方が腹持ちが良いし、味も劣らぬからである。カボチャは食用の柑橘類の中で、ウリと一、二種類のズッキーニ以外で唯一北部でも育つ食物である。だが、これを家の前庭で、灌木と一緒に植える習慣は急速に廃れつつある。カボチャが日除けの木としては不適であることが、周知となりつつあるからである。

さて、暖かい季節が近づいてきて、雄ガチョウが水中に卵を産みはじめると……

興奮した顔で聞いていた相手は、握手を求めて私の方に飛んできて、こう言った——

「結構、もう十分だ。これで自分が狂ってないことがわかったよ。あんたは一語一句、俺が読んだとおりに読み上げてくれたからな。けさ読んだときは

⓫ go(ing) out of vogue: 流行から外れる
⓬ concede(d): 〜だと認める
⓭ a shade tree: 日除けの木
⓮ gander(s): ガチョウの雄
⓯ spawn:（魚などが）卵を産む。鳥には使わない（まあそもそも gander は雄）。
⓰ sprang <spring: さっと動く（それこそ、バネのように）
⓱ that will do: それで用が足りる、それでいい。この意味での do はたいてい will を伴う。*This will do nicely now.*（いまはこれで十分だ）
⓲ word for word: 一語一語
⓳ stranger: 未知の人への、ややぶしつけな呼びかけ。「あんた」。
⓴ said to myself: 独り言を言ったわけではなく、胸の内で思ったということ。「独り言を言う」は talk to oneself。

never, never believed it before, ❶notwithstanding my friends kept me ❷under watch so strict, but now I believe I *am* crazy; and with that I ❸fetched ❹a howl that you might have heard two miles, and ❺started out to kill somebody — because, you know, I knew it would ❻come to that sooner or later, and so I ❼might as well begin. I read ❽one of them paragraphs over again, so as to be certain, and then I burned my house down and ❾started. I have ❿crippled several people, and have ⓫got one fellow up a tree, ⓬where I can get him if I want him. But I thought I would ⓭call in here as I ⓮passed along, and make the thing perfectly certain; and now it *is* certain, and ⓯I tell you it is lucky for ⓰the chap that is in the tree. I should have killed him, sure, ⓱as I went back. Good-by, sir, good-by — you ⓲have taken a great load off my mind. My ⓳reason has

❶ notwithstanding my friends kept me ...: このように notwithstanding を though の意味で使う（つまり、そのあとに節〔主語と述語〕が来る）のは現在では標準的でない。

❷ under watch: 監視されて

❸ fetch(ed):（叫び、うめき声などを）出す

❹ a howl that you might have heard two miles: 二マイル離れたところでも聞こえたかもしれない叫び声。howl は音も意味も日本語の「吠える」に似ている。two miles は正しくは two miles away か。*The explosion could be heard two miles away.*（その爆発音は 2 マイル離れたところでも聞こえた）

❺ started out to kill ...: started to kill ... とそれほど変わらないが、「乗り出した」「取りかかった」という感じが強まる。シンプルな動詞（start）に副詞（out）が付いたいわゆる句動詞（phrasal verb）が豊かなのはマーク・トウェイン英語の大きな特徴。

❻ come to that sooner or later: 遅かれ早かれそこに至る。that は誰彼構わず殺しはじめるということ。

❼ might as well ...: 〜するのも悪くはない。べつにそれが理想的な選択肢というわけではないが、まあどうせならやってもいいんじゃないか、という響き。

思ったのさ、いままでは仲間たちに四六時中厳しく見張られてもまさかと思ってたけど、俺はほんとに狂ってるんだ、そう思ったのさ。そうして俺は、二マイル先からも聞こえそうな悲鳴を上げて、誰かを殺しに表へ飛び出した。どうせいずれそうするとわかってるんだから、さっさとはじめようと思ったんだ。そして俺は、念のためもう一度、一段落だけ読み直してから、家に火をつけて、出かけた。何人かの人間を半殺しにしたし、一人はいまも木の上にのぼったままで、その気になればいつでも捕まえられる。だけどせっかくだからここに寄っていって、絶対迷いがなくなるまで確かめようと思ったわけさ。そしてもう迷いはない。あの男、木にのぼってるのは幸運だよ。帰り道に見たら、絶対殺しただろうからさ。ごきげんよう、ごきんげんよう。あんたのおかげで、すっかり気が楽になったよ。あんたが農業のことを書いた

❽ one of them paragraphs: このように them を those の意味に使うのは非標準的。*He don't want them books.*（あいつはそんな本なんか見向きもしない）
❾ started: ここは「出発した」。
❿ cripple(d): ～を不具にする
⓫ got one fellow up a tree: 一人を木の上に上げた（追いやった）。これもマーク・トウェインらしい phrasal verb の更なる例。
⓬ where I can get him if I want him: 奴を捕まえたかったらそこへ（木の上へ）行けば捕まえられる
⓭ call in: 立ち寄る
⓮ pass(ed) along: 通りすがる
⓯ I tell you:（挿入的に用いて）いやほんとに。訳す上では、語尾を工夫する程度で十分なことも多い。
⓰ the chap: 奴
⓱ as I went back: 帰る途中で
⓲ have taken a great load off my mind: 私の心から大きな荷を降ろしてくれた＝おかげですごくほっとした
⓳ reason: 理性

❶stood the strain of one of your agricultural articles, and I know that nothing can ever ❷unseat it now. *Good*-by, sir."

I felt a little uncomfortable about the cripplings and ❸arsons this person had been ❹entertaining himself with, for I could not help feeling ❺remotely accessory to them; but these thoughts were quickly ❻banished, for the regular editor walked in! [I thought to myself, Now if you had gone to Egypt, as I recommended you to, I might have had a chance to ❼get my hand in; but you wouldn't do it, ❽and here you are. ❾I sort of expected you.]

The editor was looking sad, and ❿perplexed, and ⓫dejected. He surveyed ⓬the wreck which that old ⓭rioter and these two young farmers had made, and then said:

"This is a sad ⓮business — a very sad business. There is the ⓯mucilage bottle broken, and ⓰six panes of glass, and ⓱a spittoon and two candlesticks. But that is not the worst. The reputation of the paper is injured, and permanently, I fear. True, there never

❶ stood the strain: 重圧に耐えた
❷ unseat: 文字どおりには「～の席を奪う」「(馬が) ～を振り落とす」。
❸ arson(s): 放火
❹ entertain(ing) himself with ...: 直訳は「～で自分を楽しませる」。
❺ remotely accessory: わずかに共犯である
❻ banish(ed): ～を追い払う
❼ get my hand in: 慣れる、習熟する
❽ and here you are:「で、いま戻ってきたというわけだ」という響き。
❾ I sort of expected you: sort of（多少、いくらか）がこのように動詞にかかるのは口語では珍しくない。
❿ perplexed: 当惑した
⓫ dejected: がっかりした

記事に耐えられたからには、もう何ものも俺の理性をかき乱せはしない。ごきげんよう」

人を半殺しにしただの、家に火をつけただの、この人物が興じたという行為に私としてもいささか不安を覚えた。わずかではあれ、自分も共犯ではと感じずにいられなかったからだ。だがそうした思いもすぐに追い払われた。本物の編集長が入ってきたのだ！〔私はひそかに思った。私が勧めたとおり君がエジプトに行っていたら、私ももっと腕を上げられただろうに。だが君はそうせずに、帰ってきてしまった。まあ何となくこうなる気はしていたが。〕

編集長は悲しげな、とまどいと、落胆に彩られた顔をしていた。暴れ者の老人と、若い農夫二人のせいで荒れはてた室内を編集長は見回し、こう言った。

「嘆かわしい、実に嘆かわしい。ゴム糊の壜は割れて、窓ガラスも六枚割れ、痰壺が壊れて蠟燭立ても二本折れた。だがそれよりもっとひどいことがある。新聞の信用に傷がついてしまったのだ。たぶんもう元には戻るまい。たしか

⓬ the wreck: 残骸、破壊された物
⓭ (a) rioter: 暴徒
⓮ (a) business: 事態
⓯ mucilage: ゴム糊
⓰ six panes of glass: pane は板ガラスの「板」。
⓱ a spittoon: 痰壺

was such ❶a call for the paper before, and it never sold such a large ❷edition or ❸soared to such celebrity; but does one want to be famous for ❹lunacy, and prosper upon the ❺infirmities of his mind? My friend, ❻as I am an honest man, ❼the street out here is full of people, and others are ❽roosting on the fences, waiting to get a glimpse of you, because they think you are crazy. And ❾well they might, after reading your editorials. They are ❿a disgrace to journalism. Why, ⓫what put it into your head that you could edit a paper ⓬of this nature? ⓭You do not seem to know the first ⓮rudiments of agriculture. You speak of ⓯a furrow and a harrow as being the same thing; you talk of the ⓰moulting season for cows; and you recommend the ⓱domestication of ⓲the pole-cat on account of its playfulness and its excellence as ⓳a ratter. Your remark that clams will lie quiet if music be played to them, was

❶ a call: 需要
❷ (an) edition: 発行部数
❸ soar(ed): 舞い上がる
❹ lunacy: 狂気
❺ infirmities <infirmity: 虚弱（firm でないこと）
❻ as I am an honest man:「いや本当に」という感じ。“*As I am an honest man, I thought you had received some bodily wound.*”（「いや正直な話、あなたがどこか怪我なさったのかと思いました」シェークスピア『オセロ』第2幕第3場）
❼ the street out here: *It's cold out here*（ここは＝こうして外に出てみると＝寒い）といったように、here や there に out がつくのは口語では普通。
❽ roosting on the fences: roost は鳥がとまり木にとまっているイメージ。
❾ well they might: そうするのももっともだ（they might well think you are crazy）
❿ a disgrace to ...: 〜の恥

に、これほど需要があったのは初めてだし、これだけの部数が売れて、ここまで話題になったのも初めてだ。だが、狂気のせいで評判になりたいか、精神の欠陥ゆえに繁盛したいか？　いいか君、はっきり言うが、表の通りには人がたくさんいて、柵にも大勢乗っている。みんな君を一目見ようと待ってるんだ。君が狂ってると思ってるからだ。君のもろもろの社説を読んだからには無理もない。あれは新聞業の面汚しだ。いったい何だって、自分にこういう新聞が作れるだなんて思ったんだ？　君、農業のことなんてまるっきり何も知らないみたいじゃないか。あぜ溝（ファロー）と砕土機（ハロー）が同じだと思ってるみたいだし、牛が脱皮する季節がどうこうとか言ってるし。スカンクは人なつっこくネズミをたくさんとるからペットにすべきだと勧めている！　ハマグリは音楽を聞かせると大人しく横たわると君は書いてるが、大きなお世話だ。ハ

⓫ what put it into your head that ...: 直訳は「何が～ということをあなたの頭に植え付けたのか」。
⓬ of this nature: この種の
⓭ You do not seem to know the first rudiments of agriculture: 君は農業のごく基本的なことも知らないように思える。know と first が合わさって「君は何も知らない」というような意になることは非常に多い。*You don't know the first thing about love.*（君は恋というものがまるでわかっていない）
⓮ rudiment(s): 基本、基礎
⓯ a furrow and a harrow: あぜ溝と砕土機
⓰ moult(ing):（鳥などの）羽毛が生え変わる、（蛇などが）脱皮する
⓱ domestication: 飼いならすこと
⓲ the pole-cat: 本来はケナガイタチを指すが、アメリカ南部ではスカンクを指すことも多いようで、前述の *A Mark Twain Lexicon* ではこの箇所を用例として挙げ、"the skunk" と定義している。
⓳ a ratter: ネズミを捕る動物

❶superfluous — entirely superfluous. Nothing ❷disturbs clams. Clams *always* lie quiet. Clams care nothing ❸whatever about music. Ah, ❹heavens and earth, friend, if you had made ❺the acquiring of ignorance ❻the study of your life, ❼you could not have graduated with higher honor than you could to-day. I never saw anything like it. Your observation that the ❽horse-chestnut, as ❾an article of commerce, is steadily ❿gaining in favor, ⓫is simply calculated to destroy this journal. I want you to ⓬throw up your ⓭situation and go. I want no more holiday — I could not enjoy it if I had it. Certainly not with you in my chair. I would always ⓮stand in dread of what you might be going to recommend next. It makes me lose all patience every time I think of your discussing ⓯oyster-beds ⓰under the head of '⓱Landscape Gardening.' I want you to go. Nothing on earth could persuade me to take another holiday. Oh, why didn't you *tell* me you didn't know anything about agriculture?"

❶ superfluous: 余計な、不必要な
❷ disturb(s): ～の心を乱す
❸ whatever: nothing などのあとについて否定を強調する。
❹ heaven(s) and earth: 嘆きの表現。
❺ the acquiring of ignorance:（知識ではなく）無知を身につけること
❻ the study:（努力の）目標、課題
❼ you could not have graduated with higher honor: honor という語は graduate と組み合わさるとまず間違いなく「優等」の意。
❽ the horse-chestnut: トチの実
❾ an article of commerce: 売り物、商品
❿ gain(ing) in favor: 人気を得る
⓫ is simply calculated to ...: この calculate(d) には「計算する」の意味はまっ

マグリは元々大人しいんだ！　いつだって大人しく横たわってるんだ。音楽なんかに興味はない。ああ、まったく。かりに君が、無知の習得を生涯の課題にしたとしても、ここまで優秀な成績で卒業できはしなかったろうよ。こんなもの、見たことないぞ。トチの実は商品として着実に人気が高まりつつある——この一言だけでこの新聞は破滅だ。さっさと辞職して、消えてくれ。私はもう休暇なんか要らない。休んだって楽しめやしない。君が代役のうちはとうてい無理だ。次に君がどんな提案をするか、一日じゅう心配で仕方ないだろうよ。君がカキの養殖場の話に『庭づくり』と見出しをつけて書いていることを思うたび、私はもう耐えられない。出ていってくれ。もう金輪際、休暇なんて願い下げだ。ああ、なんで君、農業のことなんか何も知らないと言わなかったんだ？」

たくなく、be calculated to ... で「〜しそうである」。現代英語ではそれほど見かけない。

⓬ throw up: 〜を放り出す

⓭ (a) situation: 勤め口、職

⓮ stand in dread of ...: 〜を絶えず恐れている

⓯ oyster-bed(s): カキ養殖場

⓰ under the head of ...: 〜という見出しの下で

⓱ Landscape Gardening: 造園術

"❶*Tell* you, you ❷cornstalk, you cabbage, you son of a cauliflower! It's the first time I ever heard such an ❸unfeeling remark. I tell you I have been in the editorial business ❹going on fourteen years, and it is the first time I ever heard of a man's having to know anything in order to edit a newspaper. You turnip! Who write ❺the dramatic critiques for the second-rate papers? Why, ❻a parcel of ❼promoted shoemakers and ❽apprentice apothecaries, ❾who know just as much about good acting as I do about good farming and no more. Who review the books? People who never wrote one. Who ❿do up the ⓫heavy leaders on finance? ⓬Parties who have had the largest opportunities for knowing nothing about it. Who criticise the Indian ⓭campaigns? Gentlemen who ⓮do not know a war-whoop from a wigwam, and who never have had to run ⓯a foot-race with a tomahawk or ⓰pluck arrows out of ⓱the several members of their families ⓲to build the evening

❶ Tell you, you cornstalk ...:「Tell you だって？　何言ってんだ」という感じ。
❷ cornstalk: 文字どおりには p. 22, ll. 14-15 と同じく「トウモロコシの茎」だが、ここはとにかく野菜三連発（c の頭韻付き）の罵倒の威勢よさを実感することがポイント。
❸ unfeeling: 無情な、冷酷な
❹ go(ing) on ...:（時間、年齢などに）近づく、さしかかる。*He is going on (for) seventy.*（彼はもう 70 歳近い。『コンパスローズ英和辞典』）
❺ the dramatic critiques: 劇評
❻ a parcel of:（侮蔑的に）～の群れ
❼ promoted shoemakers: 直訳は「昇進した靴屋」。
❽ apprentice apothecaries: 見習いの薬剤師。apothecary は昔風の響きがする。
❾ who know ... and no more: ～を知っているだけでそれ以上は何も知らない
❿ do up: ～をやっつける

「なんで言わなかったかだと？　何言ってんだ、このトウモロコシの茎野郎、キャベツ頭、カリフラワーの馬鹿息子！　そんな無神経な科白、聞いたことないぞ。いままで十四年新聞作りやってきて、新聞作る人間が何か知らなくちゃいけないなんて話初めて聞いたぞ。このカブ野郎！　二流新聞に演劇評を書くのは誰だ？　演技の知識なんて俺の農業の知識とどっこいの靴屋や薬屋の徒弟上がりさ。書評を書くのは誰だ？　自分で本なんか一度も書いたことない連中だよ。財界の大物を叩くのは誰だ？　財界のことなんかなんにも学ばないチャンスが誰より大きかった奴らさ。インディアン征伐を批判するのは誰だ？　鬨の声(ウォーフープ)とテント小屋(ウィグワム)の違いも知らない、トマホーク相手に駆けっこやらされたことも、夜に焚火をする薪にするために家族の体から矢を

⓫ heavy: 大物の
⓬ Parties who have had ...: この party は person とほぼ同じ。
⓭ campaign(s): 軍事行動
⓮ do not know a war-whoop from a wigwam:（特にアメリカインディアンの）鬨(とき)の声とウィグワム（＝インディアンが作るテント風の小屋）の区別もつかない
⓯ a foot-race: 駆けっこ
⓰ pluck: ～を引き抜く
⓱ the several members: 現代ではこのように several に the をつけて「さまざまな」の意になることはない。
⓲ to build the eveing camp-fire with: with があるので「それを使って夜の焚き火を作るため」。

camp-fire with. Who write ❶the temperance appeals and ❷clamor about the flowing bowl? Folks who will never draw another sober breath till they do it in the grave. Who edit the agricultural papers, you — ❸yam? Men, ❹as a general thing, who fail in ❺the poetry line, ❻yellow-covered novel line, sensation-drama line, ❼city-editor line, and finally ❽fall back on agriculture as ❾a temporary reprieve from ❿the poor-house. *You* try to tell *me* anything about the newspaper business! Sir, I have been through it ⓫from Alpha to Omaha, and I tell you that the less a man knows ⓬the bigger noise he makes and the higher the salary he ⓭commands. ⓮Heaven knows ⓯if I had but been ignorant instead of cultivated, and ⓰impudent instead of diffident, I could have ⓱made a name for myself in this cold, selfish world. I ⓲take my leave, sir. ⓳Since I have been treated as you have treated me, I am perfectly willing to

❶ the temperance appeals: 禁酒の訴え。当時、禁酒は講演などの定番題目。
❷ clamor about the flowing bowl: 直訳は「あふれる盃について文句を言い立てる」。the flowing bowl は飲酒についての慣用句。
❸ yam: サツマイモ。ここでも野菜は罵倒語。
❹ as a general thing: 概して
❺ the poetry line: line は「分野、商売」。
❻ (a) yellow-covered novel: 三文小説。日本語の「黄表紙」より侮蔑的。
❼ (a) city-editor: 地元ニュースのデスク
❽ fall back on ...: 〜に頼る
❾ a temporary reprieve: 当座しのぎ
❿ the poor-house: 救貧院。「ここに入ったらおしまい」という響きがある。
⓫ from Alpha to Omaha: 成句として正しくは from alpha to omega（何から何まで）。言うまでもなく Omaha は地名（ないしはその元となったアメリカインディアンの部族名）。

抜かなきゃならなかったこともないお歴々さ。禁酒を訴え、飲めや歌えなぞもってのほか、なんて言うのは誰だ？　墓に入るまでもう二度としらふの息を吐かない輩どもさ。で、農業新聞を作るのは誰だ、え？　大方みんな、詩でモノにならなくて、大衆小説も駄目でメロドラマ芝居も駄目で、社会面も駄目な奴が、救貧院からつかのま逃れるために農業新聞に頼るのさ。あんたが俺に向かって新聞道を説くとは！　俺はもうこの業界、アルファからオマハまで渡り歩いてるんだ。ここじゃ何も知らない人間ほど、評判になるし給料だって高くなるんだよ。俺だってね、こんなに教養なんかなくてもっと無知だったら、そしてこんなに内気じゃなくてもっと厚かましかったら、この冷たい手前勝手な世間でいまごろ名を上げてるさ。いいとも、出ていこうじゃないか。こんな仕打ちされたら、誰だって喜んで出ていくさ。だけど俺は、自分の義務を果たしただけなんだぜ。許された範囲で契約を履行しただけだ。

⓬ the bigger noise he makes: より大きな雑音を立てる＝より反響が大きくなる
⓭ command(s):（報酬などを）集める、得る
⓮ Heaven knows: 文字どおり「神だけが知っている」「誰も知らない」の意になることもあるが、ここのように、むしろ「人は知らないかもしれないけど絶対〜なんだ」、要するに「確かに」「きっと」の意になることも多い。
⓯ if I had but been ignorant instead of cultivated: but は only の意。「なまじ教養なんかなく、無知でありさえしたら」。
⓰ impudent instead of diffident: 遠慮がちでなく恥知らずで
⓱ made a name for myself <make a name for oneself: 名を上げる
⓲ take my leave: 立ち去る、別れを告げる
⓳ Since I have been treated as you have treated me: 直訳は「あなたが私を扱ったような扱いを受けたのだから」。

go. But I have done my duty. I have fulfilled my contract, ❶as far as I was permitted to do it. I said I could make your paper ❷of interest to all classes, and I have. I said I could ❸run your circulation up to twenty thousand copies, and if I had had two more weeks I'd have done it. And I'd have given you the best class of readers that ever an agricultural paper had — not a farmer in it, nor a ❹solitary individual who could tell a watermelon from ❺a peach-vine ❻to save his life. ❼*You* are the loser by this ❽rupture, not me, ❾Pie-plant. Adios."

I then left.

❶ as far as I was permitted to do it: 直訳は「そうするのを許された限りにおいて」。
❷ of interest to ...: ～にとって興味深い
❸ run your circulation up to ...: ～まで部数を増やす
❹ solitary: not a solitary ... の形で「一人も～ない」。
❺ a peach-vine: 桃のツル
❻ to save his life: たとえ自分の命を救うためでも。通例否定文で用いる。
❼ *You* are the loser by this ...: この～で損をするのはあなただ
❽ rupture: 仲たがい、決裂
❾ Pie-plant: ルバーブ

言っただろう、あらゆる階層の人びとがあんたの新聞に興味を持つようにしてやるって——で、事実そうしただろう？　部数を二万部まで増やしてあげますよって言ったけど、あと二週間やってたら実際できただろうよ。しかも、農業新聞にこれまでついたこともない最高の読者層をつけてやれただろうよ——その中には農業やってる人間なんか一人もいなかっただろうし、命が懸かってたってスイカの木と桃のツルとが区別できる奴だっていなかったはずさ。俺をクビにして損するのはあんただよ、俺じゃない。あばよ、ルバーブ野郎」

そう言って、私は立ち去った。

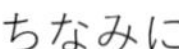

ちなみに

面白おかしい記事を新聞に書くことから出発しただけあって、ジャーナリズムはマーク・トウェインにとって文学的コメディアンの才を発揮するにも格好の舞台である。この “How I Edited ...” を発表した前年の 1869 年 9 月にも “Journalism in Tennessee” なる一文をニューヨーク州バッファローの *Express* 紙に発表していて、テネシーの新聞記者たちが手榴弾や煉瓦の飛びかうなか自分も適宜発砲したりしながら涼しい顔で新聞を作っているさまを描いている。

The Killers

Ernest Hemingway

殺し屋たち

アーネスト・ヘミングウェイ

難易度 1

★☆☆

アーネスト・ヘミングウェイ
(Ernest Hemingway, 1899-1961)

マーク・トウェインがアメリカ文学に導入した口語中心の文体をヘミングウェイはさらに先鋭化させて、抽象的な表現や内面の描写などを排して、禁欲的にシンプルな書き方を究め、後世の作家たちに莫大な影響を与えた。"The Killers" はそうした方法がとりわけ際立つ代表的な作品で、1927 年、*Scribner's Magazine* に発表された。

The door of Henry's ❶lunch-room opened and two men came in. They sat down at the counter.

"❷What's yours?" George asked them.

"I don't know," one of the men said. "What do you want to eat, Al?"

"I don't know," said Al. "I don't know what I want to eat."

Outside it was getting dark. The street-light ❸came on outside the window. The two men at the counter read the menu. From the other end of the counter Nick Adams watched them. He had been talking to George when they came in.

"I'll have a roast pork tenderloin with apple sauce and mashed potatoes," the first man said.

"It isn't ready yet."

"❹What the hell do you put it on the card for?"

"That's the dinner," George explained. "You can get that at six o'clock."

❶ (a) lunch-room: 軽食堂
❷ What's yours?: 何にしますか
❸ came on: 灯った
❹ What the hell do you put it on the card for?: いったい何でそれを献立表 (the card) に入れているのか。What do you ... for? という言い方は Why do you ...? と同じくらい頻繁に使われる。the hell は怒り、苛立ちなどを強調する。

食堂〈ヘンリーズ〉のドアが開いて男が二人入ってきた。彼らはカウンターに座った。

「何にします？」ジョージが彼らに訊いた。

「さあなあ」男の一人が言った。「おいアル、何食いたい？」

「さあなあ」アルが言った。「わからないな、何食いたいか」

表は暗くなってきていた。窓の外で街灯が点った。カウンターの男二人はメニューを見た。カウンターの反対の端からニック・アダムズは彼らを眺めた。ニックがジョージと喋っていたら、二人が入ってきたのだ。

「ローストポーク・テンダーロインとアップルソースとマッシュポテトをもらおう」一人目の男が言った。

「それはまだ用意できてません」

「じゃあ何でここに書いてあるんだ？」

「それはディナーです」ジョージが説明した。「6時になったら出せます」

George looked at the clock on the wall behind the counter.

"It's five o'clock."

"The clock says twenty minutes past five," the second man said.

"❶It's twenty minutes fast."

"Oh, ❷to hell with the clock," the first man said. "What have you got to eat?"

"I can give you any kind of sandwiches," George said. "You can have ham and eggs, bacon and eggs, liver and bacon, or a steak."

"Give me chicken ❸croquettes with green peas and cream sauce and mashed potatoes."

"That's the dinner."

"Everything we want's the dinner, eh? ❹That's the way you work it."

"I can give you ham and eggs, bacon and eggs, liver — "

"I'll take ham and eggs," the man called Al said. He wore a

❶ It's twenty minutes fast: というわけで時計は 5 時 20 分を指しているが、実のところは 5 時。前ページにあるとおり、外は暗くなってきて街灯が灯ったのだから、今は晩秋か冬だとわかる。

❷ to hell with: ～なんかくたばっちまえ

❸ croquette(s) /kroʊkét/: コロッケのことだが、日本の「コロッケ」より少し高級感がある。

❹ That's the way you work it: そういうふうに仕組んでいるんだな

ジョージはカウンターのうしろの壁にかかった時計を見た。

「いまは5時です」

「その時計、5時20分を指してるぞ」二人目の男が言った。

「これ、20分進んでるんです」

「何だ、ふざけやがって」一人目の男が言った。「じゃ何が食えるんだ？」

「サンドイッチなら何でも」ジョージが言った。「ハムエッグ、ベーコンエッグ、レバーベーコン、ステーキ」

「チキンコロッケとグリーンピースとクリームソースとマッシュポテトをもらう」

「それはディナーです」

「俺たちの食いたいのは何でもディナーなんだな？　そういうふうにやってるんだ」

「ハムエッグならできますよ、それにベーコンエッグと、レバー――」

「ハムエッグにする」アルと呼ばれた男が言った。山高帽をかぶって、黒い

derby hat and a black overcoat buttoned across the chest. His face was small and white and he had tight lips. He wore a silk muffler and gloves.

"Give me bacon and eggs," said the other man. He was about the same size as Al. Their faces were different, but they were dressed like twins. ❶Both wore overcoats too tight for them. They sat leaning forward, their elbows on the counter.

"Got anything to drink?" Al asked.

"❷Silver beer, bevo, ginger-ale," George said.

"I mean you got anything to *drink*?"

"Just those I said."

"This is a ❸hot town," said the other. "What do they call it?"

"Summit."

"❹Ever hear of it?" Al asked his friend.

"No," said the friend.

"❺What do you do here nights?" Al asked.

❶ Both wore overcoats too tight for them. They sat leaning forward, their elbows on the counter: コートは二人ともきつすぎるし、身を乗り出し、肱をカウンターについて、いかにも落ち着かなそうな様子なのだが、見ている側（ジョージたち＋読者）はもっと落ち着かない気持ちでいるだろう。

❷ Silver beer, bevo, ginger-ale: Silver beer は不明だが、beer とは言っても、bevo（モルト飲料の一種）、ジンジャーエールとともにソフトドリンクであることは間違いない。

❸ hot:「イケてる」ことを表わす言葉は時代によって変わる。20 世紀後半からはむしろ cool の方が主流になる。

❹ Ever hear of it?: Did you ever hear of it?

❺ What do you do here nights?: in the evening とかではなく nights と言うところがリアル。

コートのボタンを胸の前で留めていた。顔は小さくて白く、唇はきつく結ばれていた。絹の襟巻きをつけ、手袋をはめていた。

「俺はベーコンエッグ」もう一人の男が言った。体の大きさはアルとだいたい同じだった。顔は違っても、服装は双子みたいだった。二人ともきつすぎるコートを着ている。どちらも身を乗り出して座り、両肱をカウンターに載せていた。

「何か飲むものはあるか？」アルが訊いた。

「シルバービア、モルトドリンク、ジンジャーエールです」ジョージが言った。

「あのな、何か飲むものはあるかって訊いたんだ」

「いま言ったのだけです」

「大した町だぜ」もう一人が言った。「この町、何て言うんだ？」

「サミットです」

「聞いたことあるか？」アルが相棒に訊いた。

「ない」相棒が言った。

「ここ、夜は何やるんだ？」アルが訊いた。

"They eat the dinner," his friend said. "They all come here and eat the big dinner."

"That's right," George said.

"So you think that's right?" Al asked George.

"Sure."

"You're ❶a pretty bright boy, aren't you?"

"Sure," said George.

"Well, you're not," said the other little man. "Is he, Al?"

"He's ❷dumb," said Al. He turned to Nick. "What's your name?"

"Adams."

"Another bright boy," Al said. "❸Ain't he a bright boy, Max?"

"The town's full of bright boys," Max said.

George put the two ❹platters, one of ham and eggs, the other of bacon and eggs, on the counter. He set down two side-dishes of ❺fried potatoes and closed ❻the wicket into the kitchen.

❶ a pretty bright boy: 念のため確認しておくと、この pretty は「けっこう」「かなり」であって「可愛い」ではない。a pretty boy ならもちろん「美少年」だが。
❷ dumb: stupid
❸ Ain't: isn't の非標準的な言い方。
❹ platter(s): 大皿
❺ fried potatoes: 日本で言う拍子木の形に限らず、コロコロに切ったものなど形はさまざま（拍子木のものは french fries と言うことが多い）。
❻ the wicket into the kitchen: 厨房に向かって開く小窓

「ディナーを食うのさ」相棒が言った。「みんなここに来て、腹一杯ディナーを食うのさ」

「そうです」ジョージが言った。

「そうだと思うのか？」アルがジョージに訊いた。

「ええ」

「お前、頭いいんだな？」

「ええ」ジョージが言った。

「頭いいもんか」もう一人の小男が言った。「こいつ頭いいのか、アル？」

「阿呆だよ」アルが言った。そしてニックの方を向いた。「お前、名前は？」

「アダムズ」

「もう一人頭いい小僧だ」アルが言った。「こいつ頭いい小僧じゃないか、マックス？」

「町じゅう頭いい小僧だらけさ」マックスが言った。

ジョージは二枚の皿をカウンターに置いた。片方にはハムエッグが、もう一方にはベーコンエッグが載っていた。つけ合わせのフライドポテト二皿を置いて、キッチンに通じる小窓を閉めた。

"Which is yours?" he asked Al.

"Don't you remember?"

"Ham and eggs."

"❶Just a bright boy," Max said. He leaned forward and ❷took the ham and eggs. ❸Both men ate with their gloves on. George watched them eat.

"What are *you* looking at?" Max looked at George.

"Nothing."

"❹The hell you were. You were looking at me."

"Maybe the boy ❺meant it for a joke, ❻Max," Al said.

George laughed.

"*You* don't have to laugh," Max said to him. "*You* don't have to laugh at all, see?"

"All right," said George.

"So he thinks it's all right." Max turned to Al. "He thinks it's all right. ❼That's a good one."

❶ Just a bright boy: この just は「まさしく」。
❷ took the ham and eggs: p. 44, l. 16 – p. 46, l. 4 では、ham and eggs を注文したのは Al であり、bacon and eggs を注文したのは the other man（すなわち Max）である。何を食べようが二人ともどうでもいいと思っているということか。
❸ Both men ate with their gloves on: 見ている者を落ち着かなくさせるのはここも同じだろう。
❹ The hell you were:「なぁにが『何も』だ」。The hell ... で「〜なものか」という強い否定になる。like hell とも言う。*"You'd better go." "Like hell I will."*（「行ってきなさい」「だれが行くもんか」『コンパスローズ英和辞典』）
❺ meant it for a joke: 冗談のつもりだった
❻ Max: このように発言の終わりに相手の名を言うのを、日本語にいちいち訳すか

「どっちがお客さんのです？」ジョージがアルに訊いた。

「覚えてねえのか？」

「ハムエッグですよね」

「頭いい小僧だよ」マックスが言った。そして身を乗り出してハムエッグを取った。二人とも手袋をしたまま食べた。彼らが食べるのをジョージは眺めた。

「お前、何見てんだ？」マックスがジョージを見た。

「何も」

「何言ってやがる。いま、俺のこと見てたじゃねえか」

「冗談のつもりだったんじゃねえのか」アルが言った。

ジョージが笑った。

「お前は笑わなくていいんだよ」マックスが彼に言った。「お前は全然笑わなくていいんだ。わかったか？」

「わかりました」ジョージが言った。

「わかりましたってよ」。マックスがアルの方を向いた。「わかりましたってさ。よく言うぜ」

どうかは迷うところである。「重さ」から考えると、律儀に名を再現するのはやや重すぎで、語尾を少し際立たせるくらいがちょうどいいと思えることが多い。

❼ That's a good one: 素直に「面白い話だね」の意味で使うこともあれば、このように皮肉で使う場合もある。

"Oh, he's ❶a thinker," Al said. They ❷went on eating.

"What's the bright boy's name ❸down the counter?" Al asked Max.

"Hey, bright boy," Max said to Nick. "❹You go around on the other side of the counter with your boy friend."

"❺What's the idea?" Nick asked.

"There isn't any idea."

"You better go around, bright boy," Al said. ❻Nick went around behind the counter.

"What's the idea?" George asked.

"❼None of your damn business," Al said. "❽Who's out in the kitchen?"

"❾The nigger."

"What do you mean the nigger?"

"The nigger that cooks."

"Tell him to come in."

❶ a thinker: 思想家、ものを考える人
❷ went on eating <go on ...ing: ～し続ける
❸ down the counter: カウンターを「下って」といっても高低があるわけではない。なんとなく中心から（人の関心が向いているところから）離れているという響き。*The bathroom is down the hall.*（洗面所は廊下を〔ずっと〕行った所にある。『コンパスローズ英和辞典』）
❹ You go around ...: 命令するときに you が付くのは珍しくない。特に、何人かがいて「お前は～しろ、で、お前は～」というふうに命令を分ける場合はなおさら。
❺ What's the idea?: このあとに with ... が続けば純粋に目的、用途を問う場合もあるが（*What's the idea with "double masking"?*（「二重マスク」って何が狙いなわけ？）、What's the idea? だけだとほとんどの場合、「どういうつもりだ」「何言ってるんだ」といった批判・非難になる。
❻ Nick went around behind the counter: 反復を避けようと思えば Nick did

「賢いんだよ、こいつは」アルが言つた。二人は食べつづけた。

「あっちの頭いい奴、名前なんてんだ？」アルがマックスに訊いた。

「よう、頭いいの」マックスがニックに言った。「お前、カウンターの中に入ってそこのボーイフレンドと一緒になりな」

「どういうことです？」ニックは訊いた。

「どうもこうもねえよ」

「さっさと入れ、頭いいの」アルが言った。ニックはカウンターの中に入った。

「どういうことです？」ジョージが訊いた。

「お前の知ったこっちゃねえ」アルが言った。「キッチンに誰がいる？」

「黒人が一人」

「どういうことだ、黒人って？」

「黒人の料理人です」

「こっちへ来いって言え」

as he was told というふうにいくらでも言い方はあるのにそうせず、あるいはここでのニックの心理状態を説明したりもせず、いままで使われた言葉をほとんど機械的に反復するところがいかにもヘミングウェイ的。

❼ None of your (damn) business: 余計なお世話だ

❽ Who's out in the kitchen?: 厨房が文字どおり「戸外」にあるわけではもちろんなく、l. 2 の down the counter と同様に、ここが中心であって厨房は「外れて」いるという感覚。カウンターのこっちとあっちでは区切りがないので up/down という分け方がなじむが、いま彼らがいる食べるスペースと厨房とのあいだには区切り・仕切りがあるから in/out という分け方がなじむ。

❾ The nigger: 黒人を指す言葉として当時は普通に使われたが、いまではまず（黒人以外によっては）使えない語であり、the N-Word と呼ばれたりもする。*Adventures of Huckleberry Finn*（1884/5）はこの語が 219 回出てくるという理由で、今日図書館で禁書扱いになったりもする。

"What's the idea?"

"Tell him to come in."

"Where do you think you are?"

"We know damn well where we are," the man called Max said. "Do we look silly?"

"You talk silly," Al said to him. "What the hell do you ❶argue with this kid for? Listen," he said to George, "tell the nigger to come out here."

"❷What are you going to do to him?"

"Nothing. Use your head, bright boy. What would we do to a nigger?"

George opened the slit that opened back into the kitchen. "Sam," he called. "Come in here a minute."

The door to the kitchen opened and the nigger came in. "What was it?" he asked. The two men at the counter took a look at him.

"All right, nigger. You stand right there," Al said.

❶ argue: 理知的に「議論」するというより感情的に「口論」する、というのがこの動詞の基本的な意味。

❷ What are you going to do to him?: *with* himなら「彼をどう処するつもりか」という意味だが、*to* him だと彼に「害を加える」という響きがある。

「どういうことです？」

「こっちへ来いって言え」

「ここがどこだと思ってるんです？」

「わかってるさ、ここがどこかくらい」マックスと呼ばれた男が言った。「俺たち、間抜けに見えるか？」

「お前の喋り方、間抜けだぞ」アルが彼に言った。「何でこんな小僧相手に言い合いなんかする？　おい」アルはジョージに言った。「こっちへ出てこいって黒人に言え」

「出てきたらどうするんです？」

「何もしねえよ。頭を使え、お前賢いんだろ。俺たちが黒人相手に何すると思う？」

　ジョージがキッチンに通じる引き窓を開けた。「サム」彼は呼んだ。「ちょっとこっち来てくれ」

　キッチンの扉が開いて、黒人が入ってきた。「何です？」彼は訊いた。カウンターに座った二人がそっちを見た。

「よし、黒人、そこから動くな」アルが言った。

Sam, the nigger, standing in his apron, ❶looked at the two men sitting at the counter. "Yes, sir," he said. Al got down from his stool.

"❷I'm going back to the kitchen with the nigger and bright boy," he said. "Go on back to the kitchen, nigger. You go with him, bright boy." The little man walked after Nick and Sam, the cook, back into the kitchen. ❸The door shut after them. The man called Max sat at the counter opposite George. He didn't look at George but looked in the mirror that ran along back of the counter. Henry's ❹had been made over from a saloon into a lunch-counter.

"Well, bright boy," Max said, looking into the mirror, "why don't you say something?"

"❺What's it all about?"

"Hey, Al," Max called, "bright boy wants to know what it's all about."

"Why don't you tell him?" Al's voice came from the kitchen.

❶ looked at the two men: p. 54, l. 15 の took a look at him もそうだが、どういう表情で見たかをいっさい書かないのもヘミングウェイ的。

❷ I'm going back to the kitchen with the nigger ...: back は「戻る」ではなく「裏手に」。

❸ The door shut after them: after them については p. 20, l. 4 の banged the door after him（註❸）を参照。

❹ had been made over from a saloon into a lunch-counter: 酒場から軽食堂に作り直されていた。当時は禁酒法の時代なので、酒場はみな何か別の店に改装せざるをえなかった（『ヘミングウェイ大事典』、千葉義也執筆「殺し屋」の項より）。

❺ What's it all about?: いったいどういうことなんだ。*What's it about?* だけだと、たとえば映画などに関し「どういう話？」と訊いている感じだが、all が

　黒人のサムはエプロン姿で立ち、カウンターに座っている男二人を見た。
「はい」とサムは言った。アルが丸椅子から降りた。
「俺はこの黒人と、そっちの頭いい奴連れてキッチンに入る」アルは言った。「おい黒人、キッチンに戻れ。お前も一緒に行け、頭いいの」。ニックと料理人のサムのあとについてアルはキッチンに入っていった。三人が入って、扉が閉まった。マックスと呼ばれた男が、カウンターの、ジョージの向かいに座った。ジョージを見ずにカウンターのうしろにのびている鏡を見た。ヘンリーズは酒場を改造した食堂だった。
「おい、頭いいの」マックスが鏡を見ながら言った。「何か言ったらどうだ？」
「いったいどういうことなんです？」
「おーい、アル」マックスが声を上げた。「頭いいのがさ、いったいどういうことなんですってさ」
「教えてやればいい」アルの声がキッチンから聞こえた。

入ると「いったいどういうことなんだ」と問うている。

"What do you think it's all about?"

"I don't know."

"What do you think?"

Max looked into the mirror all the time he was talking.

"❶I wouldn't say."

"Hey, Al, bright boy says he wouldn't say what he thinks it's all about."

"❷I can hear you, all right," Al said from the kitchen. He ❸had propped open the slit that dishes passed through into the kitchen with a catsup bottle. "Listen, bright boy," he said from the kitchen to George. "Stand a little further along the bar. You move a little to the left, Max." He was like a photographer arranging for a group picture.

"Talk to me, bright boy," Max said. "What do you think's going to happen?"

George did not say anything.

❶ I wouldn't say: 言いたいことはあるが言わない、ではなく、言えるようなはっきりした思いはない、という響き。

❷ I can hear you, all right: all right は文末に付け足して「ちゃんと」「確かに」の意味になる。*"Are you sure it was Bill?" "Oh yes, it was him all right."*（「ほんとにビルだったのか」「ああ、間違いない」*Longman Dictionary of Contemporary English*）

❸ had propped open the slit ... with a catsup bottle: スリットをケチャップ瓶で押さえて開けておいた。prop はつっかえ棒、つっぱりのようなもので押させておく感じ。

「どういうことなんだと思う？」
「わかりませんね」
「どう思う？」
　喋りながらマックスはずっと鏡を見ていた。
「どうですかねえ」
「ようアル、頭いいのがさ、どうですかねえってさ」
「聞こえてるよ」アルがキッチンから言った。さっきケチャップのビンをつっ込んで、料理を通す口を開けてあった。「いいか、頭いいの」アルがキッチンからジョージに言った。「もうちょっと向こうに立て。お前は少し左に動け、マックス」。グループ写真を撮ろうとしている写真屋みたいだった。
「何か喋れよ、頭いいの」マックスは言った。「これからどうなると思う？」
ジョージは何も言わなかった。

"I'll tell you," Max said. "We're going to kill a Swede. Do you know a big Swede named ❶Ole Andreson?"

"Yes."

"He comes here to eat every night, don't he?"

"Sometimes he comes here."

"He comes here at six o'clock, don't he?"

"If he comes."

"We know all that, bright boy," Max said. "Talk about something else. ❷Ever go to the movies?"

"❸Once in a while."

"You ought to go to the movies more. The movies are fine for a bright boy like you."

"What are you going to kill Ole Andreson for? ❹What did he ever do to you?"

"He never had a chance to do anything to us. He never even seen us."

❶ Ole Andreson: スウェーデン人ということを意識して Anderson ではなく Andreson なので、「アンドレソン」とカタカナ表記すべきかもしれないが、英米の読者は Anderson との違いをまず考えず「アンダスン」と読むだろう。
❷ Ever go to the movies?: Do you ever go to the movies?
❸ Once in a while: 時々、たまに
❹ What did he ever do to you?: p. 54, l. 9 の What are you going to do to him? の註を参照。彼があなた方に何か悪いことをしたのか、という含みで、ever があることで、そんなはずはない、という思いが感じられる。

「教えてやろう」マックスが言った。「俺たちはスウェーデン人を一人殺すんだ。知ってるか、オール・アンダスンっていうスウェーデン人の大男？」

「ええ」

「そいつ、毎晩ここへメシ食いに来るだろ」

「ときどき来ますね」

「六時にここへ来るんだろ？」

「来るときはね」

「そういうこと、こっちはみんな知ってるんだよ、頭いいの」マックスが言った。「何か別の話しろよ。お前、映画とか行くか？」

「たまには」

「映画、もっと行った方がいいぞ。映画はお前みたい頭いいのにはぴったりだ」

「なんでオール・アンダスンを殺すんです？　あいつがあんた方に何したんです？」

「俺たちに何かするチャンスなんてなかったさ。俺たちを見たことだってないんだから」

"And he's only going to see us once," Al said from the kitchen.

"What are you going to kill him for, ❶then?" George asked.

"We're killing him for a friend. Just to ❷oblige a friend, bright boy."

"Shut up," said Al from the kitchen. "You talk too ❸goddam much."

"Well, I got to keep bright boy amused. Don't I, bright boy?"

"You talk too damn much," Al said. "The nigger and my bright boy are amused by themselves. I got them tied up like a couple of girl friends in ❹the convent."

"I suppose you were in a convent?"

"❺You never know."

"You were in a ❻kosher convent. That's where you were."

George looked up at the clock.

"If anybody comes in you tell them the cook is off, and if they ❼keep after it, you tell them you'll go back and cook yourself. ❽Do you get that, bright boy?"

❶ then: それなら（会ったこともないなら）

❷ oblige: ～の望みを叶える、求めに応じる。*If you need a ride home, I'd be happy to oblige.*（ご自宅まで車が必要でしたら、喜んでお送りします。*Longman Dictionary of Contemporary English*）

❸ goddam: 強調を表わす卑語。本来は goddamn と綴る。

❹ the convent: 女子修道院

❺ You never know: さあどうだか、ひょっとしたらそういうこともあるぜ

❻ kosher: ユダヤ教の掟に適った。もちろん convent はキリスト教カトリックの組織であり、kosher convent なるものがあるわけではない。実はアルはユダヤ人でマックスがそれをネタにからかっているのかもしれないが、それも定かではない。

❼ keep after it: しつこく言う

「で、見るのはこれから一度だけさ」アルがキッチンから言った.

「じゃあなんで殺すんです？」ジョージが訊いた。

「知りあいのために殺すのさ。ちょつと知りあいに頼まれてさ」

「黙れ」アルがキッチンから言った。「お前、喋りすぎだぞ」

「だって、頭いいのを退屈させちゃ悪いだろ。そうだよな、頭いいの？」

「お前、全然喋りすぎなんだよ」アルが言った。「黒人とこっちの頭いいのは自分たちで退屈まぎらしてるぞ。修道院のガールフレンド同士みたいに二人一緒に縛ってやったんだ」

「修道院、いたことあるのか？」

「わからんもんだぜ」

「どうせユダヤ人の修道院だろ」

　ジョージが時計を見上げた。

「誰か入ってきたら、料理人が休みだと言え。それでもしつこく言われたら、私がキッチンに入って作りますって言え。わかったか、頭いいの？」

❽ Do you get that ...?: わかったか

"All right," George said. "❶What you going to do with us afterward?"

"❷That'll depend," Max said. "❸That's one of those things you never know at the time."

George looked up at the clock. It was a quarter past six. The door from the street opened. A street-car motorman came in.

"Hello, George," he said. "Can I get supper?"

"Sam's gone out," George said. "He'll be back in about half an hour."

"❹I'd better go up the street," the motorman said. George looked at the clock. It was twenty minutes past six.

"That was nice, bright boy," Max said. "You're ❺a regular little gentleman."

"He knew I'd ❻blow his head off," Al said from the kitchen.

"No," said Max. "It ain't that. Bright boy is nice. He's a nice

❶ What (are) you going to do with us afterward?: ここは do to us ではなく do with us なので、「僕たちをどう処するつもりか」。to だとさすがに暴力を振るわれるのが前提のようになってしまって不自然だろう（黒人の料理人サムについては to でも不自然でなかったわけだが）。

❷ That'll depend: depend はこのように、そのあとに on ... を伴わずに使うことも非常に多い。「場合による」

❸ That's one of those things you never know at the time: 直訳すれば「それは、そういう、その時にはわからないことのひとつだ」だが、それとはおよそかけ離れた響き。「その手のことはその時にはわからないものだ」という感じ。you はジョージを指しているのではなく、人一般。

❹ I'd better go up the street: じゃあこの通りの先の店に行った方がいいな

❺ a regular little gentleman: regular は「立派」「本物」という感じで、little

「わかりました」ジョージは言った。「で、そのあと、僕たちはどうなるんです？」

「それは成り行き次第だな」マックスは言った。「そういうのはやってみないとわからないんだよ」

ジョージは時計を見上げた。6時15分すぎだった。道路に面した扉が開いた。路面電車の運転士が入ってきた。

「よう、ジョージ、晩飯くれるか？」

「サムが出かけちゃって」ジョージは言った。「30分ぐらいしたら帰ってきます」

「じゃあ、あっちの店に行くか」運転士は言った。ジョージは時計を見た。6時20分すぎだった。

「よくやった、頭いいの」マックスは言った。「お前、大したもんだよ」

「ちゃんとわかってるんだよ、下手なこと言ったら頭吹っ飛ばされるって」とアルがキッチンから言った。

「そうじゃねえって」マックスが言った。「こいつはね、いい奴なんだよ。

はべつに「大したことはない」と否定しているのではなく、むしろ親近感を感じさせる（まあしょせん殺し屋の親近感であって、さしてありがたいものではないが……)。

❻ blow his head off: 頭を（銃で撃って）吹き飛ばす

boy. I like him."

At six-fifty-five George said: "He's not coming."

Two other people had been in the lunch-room. Once George had gone out to the kitchen and made a ham-and-egg sandwich ❶"to go" that a man wanted to take with him. Inside the kitchen he saw Al, his derby hat tipped back, sitting on a stool beside the wicket with ❷the muzzle of a ❸sawed-off shotgun ❹resting on ❺the ledge. Nick and the cook were back to back in the corner, a towel tied in each of their mouths. George had cooked the sandwich, wrapped it up in oiled paper, put it in a bag, brought it in, and the man had paid for it and gone out.

"Bright boy can do everything," Max said. "He can cook and everything. You'd ❻make some girl a nice wife, bright boy."

"Yes?" George said. "Your friend, Ole Andreson, isn't going to come."

"We'll give him ten minutes," Max said.

❶ "to go": 持ち帰りの
❷ the muzzle: 銃口
❸ sawed-off: (端を切って) 短くした
❹ rest(ing): 載っている、置いてある
❺ the ledge: (壁などから突き出た) 棚
❻ make some girl a nice wife:「どこかの女の子にとっていい奥さんになる」。もちろん普通は *She'll make him a good wife.* (あの娘は彼にとっていい奥さんになるだろう) というふうに言う。

この頭いいのはいい奴なんだ。気に入ったよ」

6時55分になってジョージは言った。「もう来ませんよ、オール・アンダスンは」

それまでに二人の人間が食堂に入ってきていた。一度はジョージがキッチンに入って持ち帰りのハムエッグサンドを作ってやった。キッチンに入ると、ジョージはアルの姿を見た。山高帽が斜めに傾いでいる。小窓の横に置いた丸椅子に座っていて、先端を切り落としたショットガンの銃口が棚に載っていた。ニックと料理人は隅の方で背中合わせに縛られて、それぞれ口に猿ぐつわを嚙まされていた。

ジョージがサンドイッチを作って、オイルペーパーに包んで袋に入れ、客のところに持っていった。客は金を払って出ていった。

「この頭いいの、何でもできるぜ」マックスは言った。「料理だってできる。お前、いい奥さんになれるぜ」

「そうですかね」ジョージは言った。「あんた方の友だちのオール・アンダスン、もう来ませんよ」

「あと10分待つ」マックスは言った。

Max watched the mirror and the clock. The hands of the clock marked seven o'clock, and then five minutes past seven.

"Come on, Al," said Max. "We better go. He's not coming."

"Better give him five minutes," Al said from the kitchen.

In the five minutes a man came in, and George explained that the cook was sick.

"Why the hell don't you get another cook?" the man asked. "Aren't you running a lunch-counter?" He went out.

"Come on, Al," Max said.

"What about the two bright boys and the nigger?"

"They're all right."

"You think so?"

"Sure. ❶We're through with it."

"I don't like it," said Al. "It's ❷sloppy. You talk too much."

"Oh, ❸what the hell," said Max. "❹We got to keep amused, haven't we?"

❶ We're through with it: もうこの一件は終わりだ。*Are you through with your work?*（仕事は終わりましたか。『コンパスローズ英和辞典』）

❷ sloppy: いいかげんな、ずさんな

❸ what the hell: それがどうした、どうだっていい

❹ We got to keep amused: We got to keep them amused との意だが、them がないことで、相手が誰であれいつでもそうしないといけない、というニュアンスが少し加わる。got to = have got to（= have to）なので、We got to ... なのに付加疑問は "haven't we?" となる。

マックスは鏡と時計を見た。時計の針は7時を指していて、じきに7時5分を指した。

「行こうぜ、アル」マックスが言った。「もう帰った方がいい。もう来ないよ」

「あと5分待とう」アルがキッチンから言った。

5分の間に男が一人入ってきて、料理人が病気なんです、とジョージが説明した。

「じゃ何でほかの料理人を雇わないんだよ」男は言った。「ここ食堂なんだろ？」。男は出ていった。

「行こうぜ、アル」マックスが言った。

「頭いいの二人と黒人はどうする？」

「大丈夫さ、こいつらは」

「そうかなあ」

「そうさ。もう終わりなんだから」

「なんかよくねえなあ」アルは言った。「ちょっと雑すぎる。だいたいお前喋りすぎなんだよ」

「いいじゃねえかよ」マックスは言った。「退屈させちゃ悪いだろ」

"You talk too much, ❶all the same," Al said. He came out from the kitchen. The cut-off barrels of the shotgun made a slight ❷bulge under the waist of his too tight-fitting overcoat. He straightened his coat with his gloved hands.

"❸So long, bright boy," he said to George. "You got a lot of luck."

"That's the truth," Max said. "You ought to ❹play the races, bright boy."

The two of them went out the door. George watched them, through the window, pass under the arc-light and cross the street. In their tight overcoats and derby hats they looked like a ❺vaudeville team. George went back through ❻the swinging-door into the kitchen and ❼untied Nick and the cook.

"I don't want any more of that," said Sam, the cook. "I don't want any more of that."

Nick stood up. He had never had a towel in his mouth before.

❶ all the same: それでも、ともかく（=just the same）
❷ (a) bulge: ふくらみ
❸ So long: じゃまた、さようなら
❹ play the races: 競馬をやる
❺ vaudeville: ボードビル、寄席演芸
❻ the swinging-door: 自在ドア（前後いずれにも開き自然に閉まる）
❼ untie(d): ～の束縛を解く

「とにかくお前、喋りすぎなんだよ」アルが言った。そしてキッチンから出てきた。銃身を切ったショットガンのせいで、きつすぎるオーバーコートの腰のあたりが膨らんでいた。手袋をした両手で彼はコートを直した。

「じゃあな、頭いいの」彼はジョージに言った。「お前、運いいぜ」

「そのとおり」マックスは言った。「お前、競馬やるといいぜ」

二人は店から出ていった。ジョージは窓ごしに、二人がアーク灯の下を通り抜けて道路を渡るのを眺めた。きつすぎるコートを着て山高帽をかぶった二人は、なんだか寄席芸人のペアみたいに見えた。ジョージはスイングドアからキッチンに入ってニックと料理人の縄を解いてやった。

「もうこんなのうんざりですよ」料理人のサムは言った。「もうこんなのうんざりだ」

ニックは立ち上がった。猿ぐつわを噛まされたのは初めてだった。

❶"Say," he said. "What the hell?" He was trying to swagger it off.

"They were going to kill Ole Andreson," George said. "They were going to shoot him when he came in to eat."

"Ole Andreson?"

"Sure."

The cook felt the corners of his mouth with his thumbs.

"They all gone?" he asked.

"Yeah," said George. "They're gone now."

"I don't like it," said the cook. "I don't like any of it at all."

"Listen," George said to Nick. "You better go see Ole Andreson."

"All right."

"❷You better not have anything to do with it at all," Sam, the cook, said. "❸You better stay way out of it."

❶ "Say ... What the hell?" He was trying to swagger it off: Say は「ねえ、おい」の意、What the hell は p. 68, l. 15（註❸）と同じで「どうだっていい」の意だが、まずはニックが虚勢を張って、平気な顔を装おうとしていることを（つまり、実はひどく動揺していることを）実感するのが肝要。swagger it off の swagger は「偉そうにふるまう」の意で、off は動詞のあとに来て、「その行為によって何かがなかったことにする」という意味を作る。*The banks are refusing to write off these debts.*（銀行側はこれらの負債を帳消しにはしないと言っている。『ロングマン英和辞典』）

❷ You better not have anything to do with it: have anything/something to do with ... で「〜と関わりになる」

❸ You better stay way out of it: stay out of it で「それに近づかない」で、way は out of it を強めている。*The movie was way too long.*（あまりにも

「いやあ、ひどい目に遭ったな」彼は空威張りで済まそうとした。

「あいつら、オール・アンダスンを殺す気だったんだ」ジョージが言った。「オール・アンダスンが食べにきたら撃つ気だったんだ」

「オール・アンダスン？」

「そう」

料理人は口の端を親指で撫でた。

「あいつらもう帰りましたか？」彼は言った。

「ああ、もう帰ったよ」ジョージは言った。

「嫌だね、こんなの」料理人は言った。「全然嫌だね、こんなの」

「なあ」ジョージがニックに言った。「オール・アンダスンのところに行って知らせてやれよ」

「わかった」ニックが言った。

「こういうことにはかかわらない方がいいよ」料理人のサムが言った。「こういうのには近よらない方がいい」

長すぎる映画だった。『ロングマン英和辞典』）

"Don't go if you don't want to," George said.

"❶Mixing up in this ain't going to get you anywhere," the cook said. "You stay out of it."

"I'll go see him," Nick said to George. "Where does he live?"

❷The cook turned away.

"Little boys always know what they want to do," he said.

"He lives up at Hirsch's ❸rooming-house," George said to Nick.

"I'll go up there."

Outside the arc-light shone through the bare branches of a tree. Nick walked up the street beside ❹the car-tracks and ❺turned at the next arc-light down a side-street. Three houses up the street was Hirsch's rooming-house. Nick ❻walked up the two steps and pushed the bell. A woman came to the door.

"Is Ole Andreson here?"

"Do you want to see him?"

❶ Mixing up in this ain't going to get you anywhere: 直訳は「これに交わることは君をどこへも連れていかないだろう」。"... won't get you anywhere" で「～してもいいことはない」の意。

❷ The cook turned away: もうひとつだけ指摘するなら、ここで料理人サムの表情、態度を書かずにただ turned away と書くのもヘミングウェイ的。

❸ (a) rooming-house: 下宿屋

❹ the car-tracks: 路面電車の線路。car は自動車のことではなく the street-car。

❺ turned at the next arc-light down a side-street: 次のアーク灯で曲がって横道を行った。arc-light が出てくるのはこの段落で二度目、p. 70, l. 10 でも出てきたし、このあとにも出てくる。外の描写にはほとんどかならず出てきて、闇のなかにところどころ光の池がある感じを醸し出す。光を語ることで、むし

「行きたくなかったら行かなくてもいいよ」ジョージが言った。

「こんなことにかかわったって得はないって」料理人は言った。「かかわるのはよしなさい」

「行ってきます」ニックがジョージに言った。「どこに住んでるんです？」

料理人は顔をそらした。

「まったく、若い連中ってのは、いつだって何でもわかってるつもりなんだ」料理人は言った。

「ハーシュの下宿屋に住んでる」ジョージがニックに言った。

「じゃあ、行ってきます」

表ではアーク灯の光が、一本の木の葉の落ちた枝ごしに降っていた。ニックは路面電車の線路ぞいに歩いて、次のアーク灯のところで横道に入った。三軒行ったところがハーシュの下宿屋だった。玄関前の階段二段をニックは上がって、呼び鈴を押した。玄関に女が出てきた。

「オール・アンダスンさんはいますか？」

「会いに来たの？」

ろ周りに広がる闇の実感が伝わってくる。

❻ walked up the two steps: 玄関前の二段の階段をのぼった。この up は前々行の walked up the street、前行の Three houses up the street の up などとは違い、本当に上下を示す。

"Yes, if he's in."

Nick followed the woman up a flight of stairs and ❶back to the end of a corridor. She knocked on the door.

"Who is it?"

"It's somebody to see you, Mr. Andreson," the woman said.

"It's Nick Adams."

"Come in."

Nick opened the door and went into the room. Ole Andreson was lying on the bed with all his clothes on. He had been a heavyweight ❷prizefighter and he was ❸too long for the bed. He lay with his head on two pillows. He did not look at Nick.

"What was it?" he asked.

"❹I was up at Henry's," Nick said, "and two fellows came in and tied up me and the cook, and they said they were going to kill you."

It sounded silly when he said it. Ole Andreson said nothing.

❶ back to the end of a corridor: back とあるのは階段をのぼりきったところで折り返して逆方向に進むから。

❷ (a) prizefighter: プロボクサー

❸ too long for the bed: 人間の背丈を long とはあまり言わないが（short の反対はむろん tall）、too long for the bed という表現は比較的よく使われるようである。

❹ I was up at Henry's: 第 2 巻 p. 38 の註❹（She's just been examined all over up at the hospital）でも書いたとおり、up にそれほど強い意味はないが、「ここより中心に近い場所」という含み。

「ええ。いるんなら会いたいです」

ニックは女について階段を上がり、折り返して廊下の奥まで入っていった。女がドアをノックした。

「誰？」

「お客さんですよ、ミスタ・アンダスン」女が言った。

「ニック・アダムズです」

「どうぞ」

ニックはドアを開けて部屋に入った。オール・アンダスンは服を全部着たままベッドの上に横になっていた。彼は元ヘビー級のボクサーで、ベッドにその体は長すぎた。頭を枕二つの上に乗せて横になっていた。ニックを見ようともしなかった。

「何の用だ？」彼は訊いた。

「ヘンリーズにいたんです」ニックは言った。「そしたら男が二人入ってきて、僕と料理人を縛り上げて、あなたのことを殺すって言ってました」。

そう口にしてみると、何だか馬鹿みたいだった。オール・アンダスンは何も言わなかった。

"They put us out in the kitchen," Nick went on. "They were going to shoot you when you came in to supper."

Ole Andreson looked at the wall and did not say anything.

"George thought I better come and tell you about it."

"There isn't anything I can do about it," Ole Andreson said.

"I'll tell you what they were like."

"I don't want to know what they were like," Ole Andreson said. He looked at the wall. "Thanks for coming to tell me about it."

"That's all right."

Nick looked at the big man lying on the bed.

"❶Don't you want me to go and see the police?"

"No," Ole Andreson said. "That wouldn't do any good."

"Isn't there something I could do?"

"No. There ain't anything to do."

"Maybe it was just ❷a bluff."

❶ Don't you want me to go and see the police?: 同じニックの科白でも、p. 74, l. 4 は "I'll go see him" だったがここは "go *and* see the police"。物事の速度がさっきより遅くなっている。

❷ a bluff: 虚勢、こけおどし

「僕たちをキッチンに閉じ込めて」ニックは先を続けた。「あなたが夕食を食べに来たら撃つつもりだったんです」

オール・アンダスンは壁を見たまま何も言わなかつた。

「あなたに知らせにいった方がいいってジョージに言われて」

「もうどうしようもないね」オール・アンダスンは言った。

「その二人がどんな格好してたか、教えてあげますよ」

「知りたくないね、どんな格好してたか」オール・アンダスンは言った。彼は壁を見た。「知らせにきてくれてありがとう」

「いいえ」

ニックはベッドに横になっている大男を見た。「あの、警察に知らせなくていいですか？」

「いや」オール・アンダスンは言った。「知らせたって無駄だよ」

「何かしてあげられること、ないですか？」

「いや。できることは何もない」

「ただのはったりだったとか？」

"No. It ain't just a bluff."

Ole Andreson rolled over toward the wall.

"❶The only thing is," he said, talking toward the wall, "I just can't make up my mind to go out. ❷I been in here all day."

"Couldn't you get out of town?"

"No," Ole Andreson said. "❸I'm through with all that running around."

He looked at the wall.

"There ain't anything to do now."

"Couldn't you ❹fix it up some way?"

"No. I ❺got in wrong." He talked in the same flat voice. "There ain't anything to do. After a while I'll make up my mind to go out."

"I better go back and see George," Nick said.

"So long," said Ole Andreson. He did not look toward Nick. "Thanks for ❻coming around."

❶ The only thing is ...: 唯一困るのは〜ということだ

❷ I been in here all day: 室内空間について in here と言うのはごく普通の言い方。

❸ I'm through with all that running around: p. 68, l. 13 の We're through with it と同じ。

❹ fix ... up:（協調的に）〜を解決する

❺ got in wrong: へまをする、しくじる。get in wrong with ... で「〜の怒りを買うようなことをする」の意になる。

❻ coming around <come around: 立ち寄る、訪ねる

「いや。ただのはったりじゃない」

オール・アンダスンは寝返りを打って壁の方を向いた。

「ひとつだけ困るのは」彼は壁の方を向いて言った。「外に出る踏んぎりがつかないんだよな。だから一日中ここにいた」

「この町から出られないんですか？」

「いや」オール・アンダスンは言った。「もう逃げ回るのはやめだ」

彼は壁の方を見た。

「もうできることは何もない」

「何か上手く収める方法はないんですか？」

「いいや。はじめから間違ってたんだ」。彼はずっと平板な調子で喋った。「できることは何もない。もう少ししたら、外に出る踏んぎりがつくよ」

「僕、戻ってジョージに言ってきます」

「じゃあな」オール・アンダスンは言った。ニックの方を見なかった。「来てくれてありがとう」

Nick went out. As he shut the door he saw Ole Andreson with all his clothes on, lying on the bed looking at the wall.

"He's been in his room all day," ❶the landlady said downstairs. "I guess he don't feel well. I said to him: 'Mr. Andreson, you ought to go out and take a walk on a nice fall day like this,' but he didn't feel like it."

"He doesn't want to go out."

"I'm sorry he don't feel well," the woman said. "He's ❷an awfully nice man. He ❸was in the ring, you know."

"I know it."

"You'd never know it except from ❹the way his face is," the woman said. They stood talking just inside ❺the street door. "❻He's just as gentle."

"Well, good-night, Mrs. Hirsch," Nick said.

"I'm not Mrs. Hirsch," the woman said. "She owns the place. I just look after it for her. I'm Mrs. Bell."

❶ the landlady:（下宿屋などの）おかみ
❷ a(n awfully) nice man:「素敵な人」ではなく「いい人」ということ。
❸ was in the ring: かつてボクサーだった
❹ the way his face is: 顔の様子、見かけ
❺ the street door: ここではどのドアかをはっきりさせるために the street door と言っているが、文脈からわかるときは、単に the door だけで表玄関のドアを指すことも多い。
❻ He's just as gentle:「～と同じくらい優しい」の「～」の部分は口にされていないが、「顔からしか元ボクサーとはわからない、全体の優しい様子」ということだろう。しいていえば He's just as gentle as he looks.

　ニックは外に出た。ドアを閉めるとき、服を全部着たままのオール・アンダスンがベッドに横になって壁を見ているのが見えた。

「あの人ったら一日じゅう部屋にいるのよ」一階でおかみが言った。「具合でも悪いんでしょうね。だから言ってあげたのよ。『ミスタ・アンダスン、散歩にでも行ったらいかがです、気持ちのいい秋晴れですよ』って。でも、行く気にならないって言うの」

「あの人は出かけたくないんですよ」

「気の毒ね、具合が悪くて」女は言った。「すごくいい方なのにね。あの人、昔はボクサーだったのよ」

「知ってます」

「顔を見なけりゃわからないわよね、元ボクサーだなんて」。玄関のすぐ前で二人は立って喋っていた。「とっても優しいし」

「じゃあおやすみなさい、ミセス・ハーシュ」

「私ミセス・ハーシュじゃないわ」女は言った。「ミセス・ハーシュはこの下宿屋の持ち主。私はただの管理人よ。ミセス・ベル」

"Well, good-night, Mrs. Bell," Nick said.

"Good-night," the woman said.

Nick walked up the dark street to the corner under the arc-light, and then along the car-tracks to Henry's eating-house. George was inside, back of the counter.

"Did you see Ole?"

"Yes," said Nick. "He's in his room and he won't go out."

The cook opened the door from the kitchen when he heard Nick's voice.

❶"I don't even listen to it," he said and shut the door.

"Did you tell him about it?" George asked.

"Sure. I told him but ❷he knows what it's all about."

"What's he going to do?"

"Nothing."

"They'll kill him."

"I guess they will."

❶ "I don't even listen to it," he said and shut the door: 呼ばれもしないのにサムはわざわざ「そんな話は聞かない」と宣言しに顔を出す。関わらない方がいい、と言っている彼も等しく動揺している。

❷ he knows what it's all about: what it's all about は p. 56, l. 13 の What's it all about?（註❺）に同じ。

「じゃあおやすみなさい、ミセス・ベル」

「おやすみなさい」女は言った。

ニックは暗い道を歩いて、アーク灯のある四つ角まで行った。そして路面電車の線路ぞいにヘンリーズまで行った。ジョージがカウンターの中にいた。

「オールに会えたか？」

「ええ」ニックは言った。「部屋にいて、外に出る気はないって」

ニックの声が聞こえると、キッチンの中にいた料理人が扉を開けた。

「聞きたくもないね、そんな話」料理人は言って扉を閉めた。

「知らせてやったのかい？」ジョージが訊いた。

「ええ、知らせました。でももう全部わかってたみたいです」

「で、どうするつもりなんだ？」

「何もしないみたいです」

「だって殺されるぞ」

「そうでしょうね」

"❶He must have got mixed up in something in Chicago."

"I guess so," said Nick.

"It's ❷a hell of a thing."

"❸It's an awful thing," Nick said.

They did not say anything. George reached down for a towel and wiped the counter.

"❹I wonder what he did?" Nick said.

"❺Double-crossed somebody. ❻That's what they kill them for."

"I'm going to get out of this town," Nick said.

"Yes," said George. "That's a good thing to do."

"I can't stand to think about him waiting in the room and knowing he's going to ❼get it. It's too damned awful."

"Well," said George, "you better not think about it."

❶ He must have got mixed up in something in Chicago: p. 74, l. 2では"Mixing up in this ain't going to get you anywhere"とmix upが能動(「関わりあう」)だったが、こちらはgot mixed upと受身(「巻き込まれる」)。

❷ a hell of a ...: 大変な、どえらい

❸ It's an awful thing: ジョージが"It's a hell of a thing"と漠然とした言い方をするのに対し、ニックは「ひどい話だ」とはっきり断じる。下宿屋に行ってオール・アンダスンの言動を目の当たりにしたいま、ニックのふるまいは、行く前にジョージにアドバイスを仰いでいたときとは違う。このように、ヘミングウェイの「ニック・アダムズ物」は、どういう出来事が起きるかと同じくらい、時にはそれ以上に、出来事に立ち会ったニックの心情にどういう変化が生じるかも重要。

❹ I wonder what he did?: 文の形としては疑問文ではないが、I wonderが入っ

「シカゴで何か厄介事を起こしたんだな」

「そうでしょうね」ニックが言った。

「なんかすごい話だよな」

「ひどい話ですよ」ニックは言った。

二人は何も言わなかった。ジョージが下に手をのばしてタオルを取ってカウンターを拭いた。

「何やったんですかね、あの人？」ニックが言った。

「きっと誰かを裏切ったんだよ。ああいう連中はね、裏切ると殺すんだよ」

「僕、この町を出ていきます」ニックは言った。

「うん」ジョージは言った。「それがいい」

「我慢できませんよ、あの人があの部屋で待っていて、殺されるってわかってる。そんなのひどすぎますよ」

「そうだな」ジョージは言った。「そういうことは考えない方がいい」

ている文にクェスチョン・マークが付くことはまあ理解できる。普通は *What did he do, I wonder?* というふうにいちおう疑問文の体裁を作るが。

❺ Double-cross(ed): 〜を裏切る。いかにもアメリカ的な響きのする俗語。たとえばだが、ボクシングの試合で八百長を引き受けてギャングから金を受け取り、試合では勝ってしまったか？

❻ That's what they kill them for: him ではなくて them と言っているので、これは一般論（double-cross した奴はつねに殺す）。

❼ get it: バラされる

ちなみに

“The Killers” を（いちおう）原作とする映画は 1946 年版（Robert Siodmak 監督）、1964 年版（Don Siegel 監督）が知られるが、原作にもっとも忠実な映画化は、ソビエト映画の巨匠アンドレイ・タルコフスキーが映画大学在籍中、同級生と共同で監督した 1956 年製作の 19 分の短篇映画である。光と闇のコントラストを活かし、原作の緊迫感を見事に再現した素晴らしい出来映えである（YouTube で英語字幕付きで観ることができる：https://www.youtube.com/watch?v=jofHN3PTpVg）。当時ヘミングウェイはロシア語に訳されはじめたばかりで、タルコフスキーたちはこの最新の外国文学にいち早く注目したのだった。

Batting Against Castro

Jim Shepard

カストロを迎え撃つ

ジム・シェパード

難易度 3
★★★

ジム・シェパード

(Jim Shepard, 1956-)

歴史的事実を踏まえて作品をしばしば書く作家で、吸血鬼映画の古典「ノスフェラトゥ」を撮影中の微妙な人間関係を描いた作品（“Nosferatu”、のち長篇 *Nosferatu* に発展）、ロックバンド The Who の内実をバンドで一見一番地味なメンバー（ベーシストの John Entwhistle）に語らせた作品（“Won't Get Fooled Again”）等々、どれも周到なリサーチと奔放な想像力が見事に組みあわさっている（その意味で第 4 巻に登場する Karen Russell に通じるところがある）。この “Batting Against Castro” はカストロが大の野球狂だったという有名な事実を踏まえつつ、そこに当時の権力者バチスタも引き込み、政治のことなど何も知らない野球選手にすべてを語らせた抱腹絶倒の一作となっている。

❶In 1951 you couldn't get us to talk politics. ❷Ballplayers then ❸would just as soon talk ❹bed-wetting as talk politics. Tweener Jordan ❺brought up ❻the H-bomb one seventh inning, sitting there ❼tarring up his useless ❽Louisville Slugger at the end of ❾a Bataan Death March of a road trip when it was ❿one hundred and four on the field and about nine of us ⓫in a row ⓬had just been tied in knots by ⓭Maglie and it looked like we weren't going to ⓮get anyone on base in the next five weeks except for ⓯those hit by pitches, ⓰at which point ⓱someone down the end of the bench told Tweener to ⓲put a lid on it, and he did, and that was the end

❶ In 1951 you couldn't get us to talk politics: この作品に登場するキューバの二人の重要人物との関連で言えば、バチスタは前年の 1950 年に逃亡先のアメリカから戻ってきて政界に復帰したところ。クーデターを起こして独裁者となるのは翌 1952 年。カストロは大学を卒業後 1950 年に弁護士となり、目下政治犯や貧しい人々のために尽力中。get us to talk politics は「俺たちに政治の話をさせる」。「〜の話をする」は talk about ... が普通だが、business, politics など特定の語に関してはこのように talk ... という形をとる（もちろん❹の bed-wetting はそういう語のひとつではない）。

❷ Ballplayer(s):（プロの）野球選手

❸ would just as soon ... as 〜 : 〜するくらいならいっそ……する

❹ bed-wetting: 寝小便

❺ brought up <bring up:（話題を）持ち出す

❻ the H-bomb: 水爆。the hydrogen bomb の略。当時は冷戦の只中であり、アメリカ人にとって共産圏が持つ水爆は大きな脅威だった。

❼ tar(ring) up ...: 〜に松ヤニ（pine tar）を塗る

❽ Louisville Slugger: 大リーグでよく使われるバットの銘柄。ケンタッキー州ルイヴィルで作られたことに由来する。

❾ a Bataan Death March of a road trip: Bataan Death March は、1942 年日本軍がフィリピンのルソン島にあるバターン半島を制圧したのち、多くのアメリカ軍捕虜が 3 日間歩かされ数千人の死者を出した事件。遠征（road trip）

1951年に俺たちに政治の話をさせようとしても無駄だったね。あのころの野球選手ってのは、政治談義なんかするくらいならおねしょ談義した方がまだマシっていうくらいだった。ある日の7回のこと、トウィーナー・ジョーダンが役にも立たないルイヴィル・スラッガーに松ヤニ塗りながら水爆の話をおっぱじめたことがあったけど、何しろその時はバターンの死の行進もかくやっていうキツい遠征の終わり近くだったし、グラウンドの温度はきっかり40度、チームは9人ばかり続けてマグリーにキリキリ舞いさせられてこれじゃあ今後5週間デッドボール以外誰も塁に出られそうになかった。で、誰かがベンチの端からトウィーナーに、おい黙んな、と言ったらトウィーナーの奴もあっさり黙って、フィラデルフィア・フィリーズとしては水爆はそれっ

がバターンの死の行進並みにきつかったということ。of は an angel of a girl（天使のような少女）などと同じ比喩の用法で、名詞 A ＋ of ＋名詞 B で「A のような B」の意になる。

❿ one hundred and four: アメリカで普通に使われる華氏（Fahrenheit）で104度。摂氏でちょうど40℃にあたる。

⓫ in a row: 連続して

⓬ had just been tied in knots: be tied in knotsで「混乱させられる」。ここでは、手も足も出ずに三振することを言っている。

⓭ Maglie: Sal Maglie（1917-92）のこと。当時ニューヨーク・ジャイアンツ（現在のサンフランシスコ・ジャイアンツ）の名投手だった。

⓮ get ... on base: ～を出塁させる

⓯ those hit by pitches:「投球にぶつけられた奴ら」＝デッドボールを喰った奴ら

⓰ at which point:「その時点で」がどの時点かというと、l. 3 のトウィーナーが水爆の話を始めたところまでさかのぼる。

⓱ someone down the end of the bench: ベンチの端っこあたりにいる誰か。down は p. 52, l. 2 の down the counter と同じ。

⓲ put a lid on it:「話をやめる」の意の俗語。このあと p. 156, l. 5 では "It put the lid on some of the celebrating"（それでお祭り騒ぎもいくぶん鎮まった）という形で出てくる。

of the H-bomb ❶as far as the Philadelphia Phillies were concerned.

I was ❷one or two frosties shy of ❸outweighing my bat and ❹wasn't exactly known as Mr. Heavy Hitter; in fact ❺me and Charley Caddell, another ❻Pinemaster ❼from the Phabulous Phillies, were known ❽far and wide as ❾such banjo hitters that they called us — ❿right to our faces, right during a game, ⓫like confidence or bucking up a teammate was for ⓬noolies and nosedroops — ⓭Flatt and Scruggs. ⓮Pick us a tune, boys, they'd say, our own teammates, ⓯when it came time for the eighth and ninth spots in the order to save the day. And Charley and I would

❶ as far as the Philadelphia Phillies were concerned: フィラデルフィア・フィリーズに関しては。フィリーズはフィラデルフィア市を本拠とする大リーグチームで、1950年にリーグ優勝を果たしたが、この小説の現在である翌51年からは長い低迷期に入った。

❷ one or two frosties shy: 冷たいビール（frosties）1、2杯分足りない。この意味での shy はそのあとに of ... とつながることが多い。*an inch shy of being six feet*（6フィートに1インチ足りない。『リーダーズ英和辞典』）

❸ outweigh(ing): ～より重い

❹ wasn't exactly known as Mr. Heavy Hitter: 文字どおりには「ミスター強打者として知られていたわけでは必ずしもない」だが、not exactly はこういうふうに、ややふざけて「全然～でない」の意に使うことも多い。

❺ me and Charley: 折り目正しい英語なら Charley and I だがおよそこの語り手には似合わない。

❻ Pinemaster: 控え選手。pine はベンチの材質（松材）を指し、Pinemaster で「ベンチの主（ぬし）」という感じ。

❼ from the Phabulous Phillies: ファビュラス・フィリーズの。from は「～に属する、～の一員である」といった意味。*a friend from school* [*work*]（学校[職場]の友人）。Phabulous は本来 fabulous（素晴らしい）だが、Philadelphia Phillies の字面に似せて綴りももじっている。

❽ far and wide: 至る所で

きりおしまいだった。

　俺は下手すりゃバットよりビール一、二杯分軽いかなっていう軽量が弱点で、ミスター・ヘビーヒッターと呼ばれるにはいま一歩、実のところ俺とチャーリー・キャデル、こいつもファビュラス・フィリーズの控えなんだが俺たち二人ともすごい大根バッター（バンジョー・ヒッター）としてあまねく知れわたっていて、みんな俺たちに面と向かって、しかもゲームの真っ最中に、仲間を信頼するとか励ますとかなんてヒヨッ子のすることだとばかり、おいそこのフラット・アンド・スクラッグズ、なんて呼ぶ。チャンスに打順が8、9番に回ってきたりして俺たちの出番になると、奴らみんな、味方のチームメートがだぜ、よお、お前ら一曲弾いてくれよ、なんて言うわけで。で、チャーリーと俺は

❾ such banjo hitters that ...: banjo hitters は（長打力のない）へなちょこ打者。打った時にバンジョーをポロンと鳴らすような迫力のない音しか出ないことから。such ... that 〜は「あまりに…なので〜である」。

❿ right to our faces: 面と向かって。この right も次の right during a game の right も「まさに〜」という強調。

⓫ like confidence or bucking up a teammate was for ...: 信頼したり、チームメートを元気づけたりするのは〜のやることだと言わんばかりに。こうした使い方の like はこの小説で何度も出てくるが（そして会話ではまったく普通に使われるが）、もう少し折り目正しい英語なら as if となる。

⓬ noolies and nosedroops: 造語でありどんな意味でもありうるが、rookie, newbie（新入り）あたりを連想させる。

⓭ Flatt and Scruggs: ブルーグラス史上最も有名なバンド。代表曲「フォギー・マウンテン・ブレイクダウン」は映画『俺たちに明日はない』（*Bonnie and Clyde,* 1967）でも使われたので、レスター・フラット（1914-79）によるその印象的なバンジョーは聴いたことがある人も多いはず。

⓮ Pick us a tune: 何か弾いてくれよ

⓯ when it came time for the eighth and ninth spots in the order to save the day: 8番、9番の打順（たぶんろくに打てない打者たち）が急場を救う（save the day）時がやって来ると

grab our ❶lumber and ❷shoot each other looks like we were ❸the Splinter himself, ❹misunderstood by everybody, and ❺up we'd go to the plate against ❻your basic Newcombe or Erskine cannon volleys. ❼Less knowledgeable fans would cheer. ❽The organist would pump through the motions and ❾the twenty-seven thousand who did show up (❿PHILS WHACKED IN TWI-NIGHTER; SLUMP CONTINUES; ⓫LOCALS SEEK TO SALVAGE LAST GAME OF HOME STAND) wouldn't ⓬say boo. Our ⓭runners aboard would stand there ⓮like they were watching furniture movers. One guy in our dugout would clap. A pigeon would set down in right field and ⓯gook around. ⓰Newcombe or Erskine would look in at

❶ lumber: バット。原義は「材木」。
❷ shoot each other looks like ...: ～と言わんばかりの顔つき（looks）でたがいを見る
❸ the Splinter: 往年の大打者 Ted Williams (1918-2002) のあだ名。見た目は細身なのにすごい打力があるので the Splendid Splinter（偉大なる木っ端）と呼ばれた。
❹ misunderstood by everybody: ウィリアムズはプライドが高く、マスコミとの関係は良くなかったという。
❺ up we'd go to the plate: we'd go up to the plate の倒置による強調（こうした倒置はこれから何度か出てくる）。大打者登場のつもりで打席に向かう感じを出している。the plate はホームプレート。
❻ your basic Newcombe or Erskine cannon volleys: 豪腕でならした当時の名投手 Donald Newcombe (1926-2019) や Carl Erskine (1926-) のような、大砲の射撃（cannon volleys）さながらの剛速球。basic は「おなじみの」。
❼ Less knowledgeable fans:（チーム事情に）それほど詳しくないファンたち
❽ The organist would pump through the motions:（当時試合の BGM を奏でていた専属の）オルガン奏者がピッチャーのモーションに合わせて大音量を響かせた。go through the motions といえば「～の形を真似る」の意だが、ここでは go を pump に変えて、（ポンプを上下させるみたいに）目一杯やって

バットをグワシとつかみ、誰にも理解されぬ隠れたヒーロー二人、テッド・ウィリアムズもかくやっていう鋭い視線を浴びせあい、ニューカムだのアースキンだのちょっとやそっとじゃ打てない有名どころがマウンドに待つバッターボックスに向かうのだった。よく知らない客は喝采してくれたし、オルガン弾きはモーションに合わせてめいっぱい派手に弾き、見捨てずにやって来た2万7000人の観客（新聞の見出しは毎日**「フィルズ、ダブルヘッダー連敗——依然スランプ——地元最終戦こそ、とファン悲願」**てな感じだった）もさすがにブーイングはしなかった。塁に出ているランナーは、運送屋の仕事でも眺めてるみたいにつっ立ってる。ダッグアウトで誰かが一人パラパラ拍手する。外野のライト側にハトが一羽降り立って、ひょこひょこ歩きまわる。ニューカムだかアースキンだかは、ゴミが風で飛んできて照準線を通っ

いる感じを出している。pump はピッチングにもよく使われる語で、"Pump it in there"（しっかり投げろ！）とピッチャーに活を入れたりする。

❾ the twenty-seven thousand who did show up: 単に showed up ではなく did show up となっているのは、「弱いと知りながらわざわざ来た」という含み。

❿ PHILS ...: ここは新聞の見出しなので省略された表現が多い。普通の英語なら the Phillies were whacked（やっつけられた）in a twi-nighter（夕方から夜にかけてのダブルヘッダー); their slump continues（チームの不振は続く）となるところ。

⓫ LOCALS SEEK TO SALVAGE LAST GAME OF HOME STAND: 地元ファンは本拠地での最終戦だけは何とか救おうとしている

⓬ say boo: 野次る、ブーイングする

⓭ runners aboard: aboard は「塁に出ている」。

⓮ like they were watching furniture movers: 家具を運ぶ運送屋でも見るように。打者にまったく期待していないので走る構えも見せていない。

⓯ gook around: gook は鳩が立てる音や、ひょこひょこ歩くしぐさを表す即席の擬音・擬態語。

⓰ Newcombe or Erskine would look in at us: look in はピッチャーが身を乗り出してホームベースの方を見る感じ。

us ❶like litter was blowing across their line of sight. They'd ❷paint the corners with a few ❸unhittable ones just to let us know what ❹a mismatch this was. Then Charley would ❺dink one to second. It wouldn't make a sound in the glove. I'd strike out. And the fans would ❻cuff their kids or scratch their ❼rears and cheer. ❽It was like they were celebrating just how bad we could be.

I'd always ❾come off the field looking at my bat, ❿trademark up, like I couldn't figure out what happened. ⓫You'd think by that point I would've. I tended to be hitting about .143.

Whenever we were ⓬way down, in the 12-to-2 range, Charley ⓭played them up, our sixth- or seventh- or, worse, ninth-inning Waterloos — ⓮tipped his cap and did some minor posing — and ⓯for his trouble got showered with ⓰whatever the box seats didn't

❶ like litter was blowing across their line of sight: ゴミが自分の視線を横切って飛んでいくかのように。line of sight は射撃などでの照準線のこと。
❷ paint the corners: コーナーぎりぎりの球を投げる（野球のスラング）
❸ unhittable: とても打てそうにない
❹ a mismatch: 格の違う対戦
❺ dink:（力ない打球を）打つ。ボテボテのゴロでヒットになったり、内野手の頭をフラフラ越えたヒットのことを dinker という。
❻ cuff:（八つ当たりして）～にビンタを喰わせる
❼ rear(s): 尻
❽ It was like they were celebrating just how bad we could be: 直訳は「俺たちがとにかくどこまでひどくなれるかを祝ってるみたいだった」。
❾ come off the field: グラウンドを去る
❿ trademark up: バットに印刷された商標マークを上にして
⓫ You'd think by that point I would've:（何しろいつも打てないのだから）もうそろそろ（by that point）figure out してもいいはずと誰だって思うだろう

ていったみたいに俺たちの方に目をやり、お前らとは格が違うんだよと言わんばかりに、とてもじゃないが打てやしない球をコーナーに一球、二球と決める。で、チャーリーはボテボテのセカンドゴロ、グラブに球が収まっても音さえ立たない。そして俺は空振り三振。観客は子供をひっぱたいたり、尻をボリボリ引っかいたりしながら歓声を上げる。そこまでダメになれりゃお前ら偉いよ、そう褒められてるみたいだった。

俺はいつも、バットのトレードマークをしげしげ見ながらベンチへ戻る。いったいどうして打てなかったんだろう、わけわかんないぜっていう顔で。まあ人から見たら、そろそろわかってもいいんじゃないのって感じだったろうけど。何せ俺のアベレージときたら1割4分3厘近辺だったから。

12対2とかでボロ負けしてる、ワーテルローのナポレオンだってここまでみじめじゃなかったぜっていうゲームになると、チャーリーはよく6、7回あたりに――これを9回にやるともう最悪なんだが――愛嬌のつもりなんだか、帽子をひょいと持ち上げてちょっとポーズしてみせたが、その見返り

⓬ way down, in the 12-to-2 range: ひどく点差を離されて、たとえば12対2で
⓭ played them up: play ... upは「～を派手に演じる」。them は次の our sixth- ... inning Waterloos を指す。ワーテルローは1815年ナポレオンが大敗北を喫したベルギーの村で、転じて「大敗」を意味する。つまり「ボロ負け試合でも景気をつけてみせた」の意。
⓮ tipped his cap and did some minor posing: 帽子をひょいと上げて挨拶し、何かちょっとしたポーズをした
⓯ for his trouble got showered with ...: その努力の見返りに、～を雨あられと浴びせられた
⓰ whatever the box seats didn't feel like finishing: 何であれボックスシート（バックネット裏）の客が食べ切る気にならなかったもの

feel like finishing: peanuts, beer, the occasional hot-dog bun. ❶On what was the last straw before this whole Cuba thing, ❷after we'd gone down one-two and ❸killed a bases-loaded rally for the second time that day, the ❹boxes around the dugout ❺got so bad that Charley went back out and ❻took a curtain call, like he'd ❼clubbed a round-tripper. The fans ❽howled for parts of his body. The ❾Dodgers across the way laughed and pointed. In the time it took Charley to lift his cap and wave someone caught him in the mouth with ❿a metal whistle from a Cracker Jack box and chipped a tooth.

"⓫You stay on the pine," Skip said to him while he sat there trying to ⓬wiggle the ivory in question. "I'm tired of your ⓭antics." Skip was our third-year manager ⓮who'd been through it all, seen it all, and lost most of the games along the way.

❶ On what was the last straw before this whole Cuba thing, after ...: the last straw（最後のわら一本）とは「限度を超えさせるもの」の意。"It's the last straw that breaks the camel's back."（限度を超せば、たとえわら一本載せてもラクダの背骨が折れる）ということわざから。まずここで、「このキューバ行きの前の、the last straw となった出来事で」と述べたあと、具体的にどういう出来事かが after 以下で説明される。

❷ after we'd gone down one-two: 二人連続して凡退したあと

❸ killed a bases-loaded rally: 満塁のチャンスをフイにした

❹ boxes: 前ページ l. 13 の the box seats の客

❺ got so bad that Charley went back ...: あまりに険悪な雰囲気になったので、いっそ笑いを取ろうと……という感じ。

❻ took a curtain call: 役者がカーテンコールに応じるような仕草をした

❼ clubbed a round-tripper: ホームランをかっとばした

❽ howled for parts of his body: 直訳は「彼の肉体の諸部分を要求して吠えた」。

には、ボックスシートの連中が食べ残したピーナツやらビールやらを——時にはホットドッグのパンも——雨あられと浴びせられるだけだった。で、結局これでみんなに愛想尽かされて二人ともキューバ行きしかなくなったっていう因縁の試合で、二人揃って凡退してこの試合二度目の満塁のチャンスをつぶしたときも、バックネット裏の客が怒り狂うと、よせばいいのにチャーリーの奴まるでホームランでも打ったみたいにカーテンコールを気どってわざわざグラウンドに戻ってったんだよな。観客はあんな野郎八つ裂きにしちまえってわめきまくるし、向こうのダッグアウトじゃドジャーズの連中がゲラゲラ笑ってこっちを指さしてた。チャーリーが帽子をとって手を振ったとたん、誰かの投げたポップコーンのおまけのホイッスルが口を直撃し、歯が一本欠けちまった。

「お前はベンチに引っこんでろ」と監督のスキップは、しゃがみ込んで問題の歯を揺すってるチャーリーに言った。「お前の悪ふざけにはうんざりだ」。スキップはチームの監督になって3年目で、これまですべてを生き抜き、すべてを目にし、その間大半の試合に負けてきたのだった。

観客が暴徒と化しているような言い方。

❾ Dodgers across the way: 球場の反対側（のベンチ）にいるドジャーズ

❿ a metal whistle from a Cracker Jack box: クラッカージャックの箱に景品として入っていた金属製ホイッスル（現実にはプラスチックが普通だった）。クラッカージャックは日本で言うキャラメルコーンの銘柄。

⓫ You stay on the pine: お前はベンチにいろ。pine は p. 92, l. 4 の another Pinemaster の pine と同じ。

⓬ wiggle the ivory in question: 問題の（つまり折れた）歯（ivory）を揺さぶる

⓭ antics: おどけた真似

⓮ who'd been through it all: そうしたいっさいを経験してきた。*You don't have to struggle through it all on your own.*（何もかも一人で耐え抜くことはありません）

"❶What's the hoo-ha?" ❷Charley wanted to know, "We're ❸down eleven–nothing."

Skip said that Charley reminded him of ❹Dummy Hoy, the deaf-mute who played for Cincinnati ❺all those years ago. Skip was always saying things like that. The first time he saw me ❻shagging flies he said I was ❼the picture of Skeeter Scalzi.

"Dummy Hoy ❽batted .287 lifetime," Charley said. "❾I'll take that anytime."

❿The thing was, we were both ⓫good glove men. And this was the Phillies. If you could do anything right, you were worth at least ⓬a spot on the pine. ⓭After Robin Roberts, our big gun on the mound, ⓮it was Katie bar the door.

"⓯We're twenty-three games back," Skip said. "This isn't the time for ⓰bush-league stunts."

❶ What's the hoo-ha?: 何をそんなに騒ぐことがあるんだ。the hoo-ha: 大騒ぎ、空騒ぎ

❷ Charley wanted to know:「チャーリーは知りたがった」という訳は全然当たらない。やや喧嘩腰で訊いた、ということ。

❸ down eleven–nothing: この down は p. 96, l. 10 の way down, in the 12-to-2 range と同じ。

❹ Dummy Hoy: 実在の聾啞（deaf-mute）プレーヤー（1862-1961）。シンシナティ・レッズで 1894-97 年にプレーした。生涯安打数 2048、725 打点、596 盗塁、と相当な数字を残している。

❺ all those years ago: years ago の強調。

❻ shag(ging) flies:（ノック練習で）フライを捕球する

❼ the picture of Skeeter Scalzi: スキーター・スカルジにそっくり。スカルジ（1913-84）はほとんどマイナーリーグでしか活動しなかったが、1939 年に 2 か月だけニューヨーク・ジャイアンツに在籍した。

「何そんなに熱くなってんだよ？」とチャーリーが言い返した。「どうせもう11対0じゃねえか」

お前見てるとダミー・ホイを思い出すよ、とスキップは言った。ダミー・ホイってのはずっと昔シンシナティでプレーした聾唖のプレーヤーだ。スキップは年じゅうそんなふうな科白を口にしていた。俺が守備練習でフライを追っかけるのを初めて見たときも、お前スキーター・スカルジに生き写しだぜってスキップは言った。

「ダミー・ホイは生涯打率2割8分7厘だろ」とチャーリーは言った。「俺がそこまで行けりゃ万々歳だぜ」

それでも、俺たち守備はうまかった。そしてチームは弱小フィリーズだ、何か一芸に秀でてりゃ、とにかくベンチには残れる。ピッチャーはロビン・ロバーツだけが頼り、こいつがコケたらあとはもうお先真っ暗ってチームなのだ。

「23ゲーム離されてるんだぞ」とスキップは言った。「マイナーリーグの真似やってる場合じゃないだろうが」

❽ bat(ted): ～の打率を残す
❾ I'll take that anytime: 俺だったらその打率を喜んで受け入れる
❿ The thing was: 実を言えば
⓫ good glove men:（特に、打率はよくないが守備が得意な）野手
⓬ a spot on the pine: ベンチの席、ベンチ入りの資格
⓭ After Robin Roberts, our big gun on the mound, it was ...: マウンド上の我らがエース（big gun）のロバーツが打たれたら、そのあとは……。ロビン・ロバーツ (1926-2010) は実在の名投手。
⓮ it was Katie bar the door <It's Katy bar the door:「もうおしまい、おじゃん」の意のスラング。*And once that happens, it's Katy bar the door.*（いったんそうなったらもうおしまいだ）
⓯ We're twenty-three games back: 23ゲーム引き離されている
⓰ bush-league stunts: マイナーリーグみたいな（馬鹿な）ふるまい

It was late in the season, and Charley ❶was still holding that tooth and in no mood for a gospel from Skip. He ❷let fly with something in the abusive range, and I'm ashamed to say that I became ❸a disruptive influence on the bench and backed him up.

❹Quicker than you could say Wally Pipp, ❺we were on our way to Allentown for some Double A discipline.

❻Our ride out there was not what you'd call high-spirited. The Allentown bus ❼ground gears and did ten, tops. It ❽really worked over those switchbacks on the hills, ❾to maximize the dust coming through the windows. Or you could shut the windows and bake muffins.

Charley ❿was across the aisle, ⓫sorting through the paper. He'd ⓬looked homicidal from the bus station on.

"⓭We work on our hitting, he's got to bring us back," I said.

❶ was ... in no mood for a gospel: 福音（ありがたい説教）を聞く気分ではなかった

❷ let fly with something in the abusive range: 直訳は「暴言の範囲に入る何かを飛ばした」。let fly at ... と言えば「〜を罵る」「〜に食ってかかる」。

❸ a disruptive influence on the bench: 同じく直訳は「ベンチでの妨害的影響力」。

❹ Quicker than you could say Wally Pipp: before you could say Jack Robinson（あっという間に、たちまち）という有名な成句の変種。ウォーリー・ピップ（1893-1965）はニューヨーク・ヤンキースの選手だったが、のちの大打者ルー・ゲーリッグにスターティングメンバーの座を取られてしまったことで有名。

❺ we were on our way to Allentown for some Double A discipline: マイナーリーグ最上位がTriple Aで、その下がDouble Aとなる。つまり2階級下への降格という懲戒（discipline）を受けるべく、その拠点である州東部のアレンタウンに向かったということ。

シーズンはもう終わり近かった。チャーリーは相変わらず歯を押さえていて、スキップの説教を拝聴する気分じゃない。罵倒の範疇に入る科白がチャーリーの口から飛び出し、恥を忍んで言えば俺も風紀の乱れを助長する側に回って、チャーリーを後押ししてしまったのだ。

あっという間に、俺たちは2Aリーグ降格を喰らって、アレンタウンに飛ばされた。

アレンタウンまで来てバスに乗ったが、道中は意気揚々たる旅路とは言いかねた。おんぼろバスはギヤをガタガタきしませ、時速20キロが精一杯、険しい山道を青息吐息で越えていき、窓から吹き込む埃を最大量にせんと努めていた。窓を閉めてもいいが、そしたら今度は車内でマフィンが焼ける。

チャーリーは通路の向こうで、新聞をガサゴソめくってる。チャーリーの奴、バス発着所からずっと殺気立った顔をしていた。

「とにかくバッティング何とかしようぜ、向こうだって俺たちがいなきゃ困

❻ Our ride out there: 当地での（バス）移動。マイナーなので普通の公共バスで移動している。
❼ ground (<grind) gears and did ten, tops: ギヤをガリガリ言わせ、せいぜい時速10マイルしか出せなかった。tops は数字の後につける副詞で、「最高(top)でも」の意。*It should take two hours tops.*（長くても2時間で済むはず。*Longman Dictionary of Contemporary English*）
❽ really worked over those switchbacks: ジグザグの山道（switchbacks）を必死にのろのろ越えていった
❾ to maximize the dust: 埃を最大にするために。埃が大量に入るのをわざとやっているかのように言っている。
❿ was across the aisle: 中央通路をはさんで向こうの席にいた
⓫ sort(ing) through ...: ～を整理する
⓬ looked homicidal: 人殺しでもしそうな顔だった
⓭ We work on our hitting, he's ...: If we work ... 俺たちがバッティングを何とかすれば、監督も～

"Who else has he got?" ❶Philadelphia's major-league franchise was at that point in pretty bad shape, ❷with a lot of kids filling gaps left by the hospital patients.

Charley ❸mentioned an activity involving Skip's mother. It colored the ears of the woman sitting in front of us.

It was then I suggested ❹the winter leagues, Mexico or Cuba.

"How about ❺Guam?" Charley said. "How about the Yukon?" He ❻hawked out the window.

Here was my thinking: The season was almost over in Allentown, which ❼was also, by the way, in the cellar. We probably weren't ❽going back up afterwards. That meant that ❾starting October we either ❿cooled our heels ⓫playing pepper in Pennsylvania, or we ⓬played winter ball. ⓭I was for Door Number Two.

Charley and me, we had to do something about our ⓮self-esteem. ⓯It got so I'd ⓰wince just to see my name in the sports

❶ Philadelphia's major-league franchise was ... in pretty bad shape: フィラデルフィアのメジャー球団（つまりフィリーズ）はきわめて悪い状況にあった

❷ with a lot of kids filling gaps left by the hospital patients: 大勢の新人（kids）が入院患者（故障者）の穴（gaps）を埋めて

❸ mentioned an activity involving Skip's mother: スキップの母親を巻き込んだ行為に言及した。要するに、非常に下品な悪口を言ったということ。

❹ the winter leagues: 北米のシーズンオフに、中南米など暖かい地域で行なわれるリーグ戦。

❺ Guam ... Yukon: 提案に取り合わず、南洋の島とカナダの準州という両極端の場所を挙げて皮肉っている。

❻ hawked out the window: 窓から外へ痰を吐いた

❼ was ... in the cellar: 地下室にいた＝ビリだった

るだろうが」と俺は言った。「ほかに誰がいるってんだ？」。フィリーズは当時そりゃもうガタガタで、続出するケガ人の穴を小僧っ子どもが埋めていた。

チャーリーがスキップの母親を巻き込んだ行為に言及した。前の席に座っていた女の耳が赤くなった。

そのとき俺は、ウインターリーグに出るってのはどうだ、と提案してみたのだった。メキシコか、キューバ。

「グアムはどうだ？」とチャーリーは相手にしなかった。「ユーコンは？」。奴は窓の外にぺっと痰（たん）を吐いた。

俺の考えはこうだ。アレンタウンの2Aチーム――ちなみにこっちも最下位だった――はシーズンをもうほとんど終えている。終わっても、今年俺たちがメジャーに戻れる望みは薄い。ということはつまり、10月から来年春まで、ペンシルヴェニアでトスバッティングやってえんえん待つか、ウインターリーグでプレーするか、どっちかだ。俺としては第二案の方がずっといい。

とにかくチャーリーも俺も、何とか自尊心を立て直さなくちゃならん。何しろ俺なんか、スポーツ欄で自分の名前を見ただけでビクッとしてしまう。何が書いてあるかなんて関係ない、ただ自分の名を見ただけで縮み上がって

❽ go(ing) back up afterwards: シーズン終了後に元のメジャーチームに昇格する
❾ starting October: 10月以降は
❿ cool(ed) our heels:（長いこと）待たされる。文字どおりには「かかとを冷やす」であり、たしかにアレンタウンの冬はけっこう寒い。
⓫ playing pepper: トスバッティング（pepper）をやりながら
⓬ play(ed) winter ball: ウィンターリーグでプレーする
⓭ I was for ...: 俺は～に賛成だった
⓮ self-esteem: 自尊心
⓯ It got so ...: ～という有様になった
⓰ wince: 身がすくむ

pages — before I knew what it was about, just to see my name. Charley's full name was Charles Owen Caddell, and he carried a ❶handsome suitcase around the National League that had his initials, C.O.C., in big letters near the handle. ❷When asked what they ❸stood for, he always said, "❹Can o' Corn."

❺Skip we didn't go to for fatherly support. Skip tended to ❻be hard on the nonregulars, ❼who he referred to as "you ❽egg-sucking ❾noodle-hanging ❿gutter trash."

Older ballplayers talked about ⓫what it was like to lose it: the way ⓬your teammates would start giving you the look, the way you could see in their eyes, ⓭Three years ago he'd make that play, or ⓮He's lost a step going to the hole; the quickness isn't there. ⓯The difference was, Charley and me, we'd seen that look since we were twelve.

So Cuba seemed like ⓰the savvy move: a little ⓱seasoning, a

❶ handsome: 見栄えのいい
❷ When asked: when he was asked
❸ stood for <stand for ...: ～を表わす
❹ Can o' Corn: can of corn 文字通りには「トウモロコシの缶詰」だが、野球の俗語で「簡単に捕れる高い凡フライ」を意味する。食料品屋が高い棚の缶詰を取るときに、棒を使って落として取ったことから。
❺ Skip we didn't go to for fatherly support.: we didn't go to Skip for ... の倒置による強調。
❻ be hard on the nonregulars: レギュラーでない選手につらく当たる
❼ who he referred to as ...: refer to A as B で「A を B 呼ばわりする」。
❽ egg-sucking: ろくでもない。"sneaking or contemptible" (*Random House Historical Dictionary of American Slang*)
❾ noodle-hanging:「ヌードルを口から垂らしている」の意だが、ヌードルがぺ

しまうのだ。チャーリーのフルネームはチャーリー・オーウェン・キャデルといって、遠征中に持ち歩くなかなか立派なスーツケースの把手の近くにも大きな字でC. O. Cとイニシャルを入れていた。何の略だい、と訊かれると、いつも「トウモロコシ缶だよ(キャン・オ・コーン)」と答えていた。

俺たちスキップのところへ父親的な助けを求めに行ったりはしなかった。だいたいスキップは控えの連中にはキツい方で、「お前ら卵チュウチュウ吸ってヌードル口からぶら下げてるドブのクズども」と呼んでた。

落ち目の辛さについては、年喰ったプレーヤーたちからよく聞かされる。チームメートが何となく違う目つきで見るようになる。相手の目を見りゃ何を言いたいかわかるんだよ、と連中は言った——3年前だったらあのプレーはバッチリ決めてたよな、とか、三遊間に飛ぶのが一歩遅くなったよな、とか、なんかスピードなくなっちまったぜ、とか。チャーリーと俺が違うのは、俺たち12のころからずっとその目つきを見てきたってことだ。

そんなわけで、キューバ行きってのはけっこう名案に思えた。ちょっとば

ニスを指しているようにも聞こえる。
⑩ gutter trash: ドブに浮かんだゴミ(みたいな奴)
⑪ what it was like to lose it: 腕が落ちる(lose it)のがどんな感じか
⑫ your teammates would start giving you the look: チームメートが(憐れむような)あの表情で見るようになる
⑬ Three years ago he'd make that play: 3年前ならあのプレー決めてたのに(今はもう無理だな)
⑭ He's lost a step going to the hole: 三遊間(the hole)に向かうのが一歩遅くなった
⑮ The difference was, Charley and me, we'd ...: チャーリーと俺の場合、違うのは〜
⑯ the savvy move: うまい手
⑰ seasoning: トレーニング

little time in the sun, some senoritas, ❶drinks with hats, maybe ❷a curveball Charley *could* hit, ❸a heater I could do more than foul off.

Charley ❹took some convincing. He'd sit there in the Allentown dugout, ❺riding the pine even in Allentown, whistling air through his chipped tooth and ❻making faces at me. ❼This Cuba thing was stupid, he'd say. He knew ❽a guy played for the Athletics went down to Mexico or someplace, drank a cup of ❾water with bugs in it that would've turned Dr. Salk's face white, and ❿went belly-up between games of a doubleheader. "⓫Shipped home in a box they ⓬had to *seal*," Charley said. He'd tell that story, and his tooth would whistle for emphasis.

But ⓭really what other choice did we have? ⓮Between us we had the money to get down there, and I knew a guy on the Pirates who was able to ⓯swing the connections. I finished the year batting .143 in ⓰the bigs and .167 in Allentown. Charley ⓱hit his weight

❶ drinks with hats: トロピカルドリンクなどの飾りに、小さなパラソル型の楊枝を差したものを帽子に見立てている。
❷ a curveball Charley *could* hit: チャーリーでさえ打てるカーブ、という感じ。
❸ a heater I could do more than foul off: 俺がファウルにする以上のことができる（ヒットにできる）ストレート（a heater）
❹ took some convincing: かなり説得する（convince）必要があった
❺ riding the pine: ベンチに座って
❻ making faces <make faces: 顔をしかめる
❼ This Cuba thing was ...: このキューバ行きってのは……
❽ a guy played for the Athletics went down ...: a guy who played for the Athletics went down ...
❾ water with bugs in it that would've turned Dr. Salk's face white: ソーク博士の顔を真っ青にするほどのバイキン（bugs）が入った水。Jonas Edward

かり体を鍛えて、陽にも当たって、セニョリータがいて、洒落たトロピカルドリンク飲んで。ひょっとしてチャーリーにも打てるカーブが来るかもしれんし、俺にもファウルグラウンド以外に飛ばせる直球が来るかもしれん。

チャーリーを説き伏せるのは骨だった。チャーリーの奴、アレンタウンのダッグアウトにぼさっと座って——2A に来てまでベンチなんだよな——欠けた歯のすきまからしゅうしゅう口笛吹いたり俺に向かってあかんべえしてみせたりした。冗談じゃねえよキューバなんて、とチャーリーは言った。前にアスレチックスにいてメキシコかどっかに行った奴のこと知ってるけどな、水飲んだらそれがもうソーク博士も真っ青っていうくらいバイキンだらけでさ、ダブルヘッダーの途中であっさり御陀仏(おだぶつ)になっちまった。「棺桶をこっちへ送り返すのに密封しないといけなかったんだぜ」とチャーリーは言った。話を終えるたび、歯がひゅうっと鳴ってアクセントを添えるのだった。

でも結局のところ、俺たちほかに何ができる？　二人の手持ちをかき集めれば、向こうまで行く金はなんとかなる。コネをつけてくれる知りあいもパイレーツに一人いた。俺のその年の打率はメジャーで 1 割 4 分 3 厘、2A で 1 割 6 分 7 厘。チャーリーはまあいちおう体重分の打率だったけど、最後の

Salk (1914-95) はアメリカの細菌学者でポリオワクチンの開発者。
❿ went belly-up: 腹を上にしてくたばった。魚の死骸が水に浮かんだイメージ。
⓫ Shipped home in a box: he was shipped home in a box 棺桶に入れられて家に送られた
⓬ had to *seal*:（腐敗がひどいので）密封する必要があった
⓭ really: 実際のところ、結局
⓮ Between us: 二人合わせれば
⓯ swing the connections: コネをつける
⓰ the bigs: 大リーグ
⓱ hit his weight: 自分の体重と同じ数字の打率を残す。たいていの選手はせいぜい 100 キロ（220 ポンド＝打率 .220）程度なのであまりパッとしない打率のこと。

and ❶pulled off three errors in an inning his last game. When we left, our Allentown manager said, "Boys, I hope you ❷hit the bigs again. Because we sure can't use you around here."

So ❸down we went on the train and then the slow boat, accompanied the whole way by a catcher from ❹the Yankees' system, ❺a big bird from Minnesota named Ericksson. Ericksson was out of ❻Triple A and apparently had a fan club there because he was so fat. I guess ❼it had gotten so he couldn't ❽field bunts. He said ❾the Yankee brass was paying for this. They thought of it as ❿a fat farm.

"⓫The thing is, I'm not fat," he said. We were ⓬pulling out of ⓭some skeeter-and-water stop in central Florida. One guy sat on the train platform with his chin on his chest, asleep or dead. "That's the thing. What I am is big boned." He held up an arm and squeezed it ⓮the way you'd test a melon.

"I like having you in ⓯the window seat," Charley said, ⓰his

❶ pull(ed) off:（ヘマを）しでかす
❷ hit the bigs again: メジャーに復帰する
❸ down we went: we went down (=south)
❹ the Yankees' system: ヤンキースのファーム
❺ a big bird: でかい奴
❻ Triple A: p. 102, l. 6 に出てきた Double A の上のファームチーム。
❼ it had gotten so ...: 〜という有様になっていた。p. 104, l. 16 の It got so I'd wince just to see my name ... と同じ。
❽ field bunts: バントをさばく
❾ the Yankee brass: ヤンキースのお偉方
❿ a fat farm:（リゾート地などで開催する）減量キャンプ
⓫ The thing is, I'm not fat: The thing is は p. 100, l. 9 の "The thing was,

試合なんか一イニングで三つもエラーをやってのけた。俺たちがアレンタウンの町を去る段になって、2A の監督はこう言った。「お前らメジャーに戻れるといいな。ここじゃ使いものにならんから」

というわけで俺たち列車に乗って、それからスローボートに乗った。道中ずっと、ヤンキース傘下チームのキャッチャーと一緒だった。ミネソタ出の、エリクソンていう大男だ。それまで 3A でやっていて、どうやらものすごく太ってるおかげで 3A じゃファンクラブまで出来てるらしかった。あそこまでデブだと、バント処理なんて論外だったと思う。キューバ行きの金はヤンキースの経営陣持ちなんだとエリクソンは言った。奴らから見れば、キューバなんて減量道場みたいなものらしい。

「でも実はね、俺、太っちゃいないんだ」とエリクソンは言った。フロリダの真ん中あたりの、蚊と水たまりだけって感じのしけた駅から列車が出るところだった。プラットホームで男が一人、あごを胸に当てて座ってる。眠ってるのか、死んでるのか。「そうなんだ。俺、骨太なだけなんだよ」。そう言ってエリクソンは片腕を持ち上げ、メロンを品定めするみたいにぎゅっとつかんでみせた。

「あんたが窓側に座ってくれると助かるよ」とチャーリーが、アレンタウン

we were both good glove men." と同じ。

⓬ pull(ing) out of ...: 列車が～を出る

⓭ some skeeter-and-water stop: どこかの、蚊と水たまりばかりの小さな停車場

⓮ the way you'd test a melon: メロンの良し悪しを見るように

⓯ the window seat: 窓側の席

⓰ his Allentown hat down over his eyes: アレンタウンのマイナーチームの帽子を目の上に引き下ろして。野球帽のように前にしかつばがない（あるいはまったくつばがない）帽子は cap と言う、とよく言われるが実際には hat と言うことも多い。

Allentown hat down over his eyes. "Makes the whole trip shady."

Ericksson ❶went on to talk about feet. This shortened the feel of the trip ❷considerably. Ericksson speculated that the smallest feet in the history of the major leagues belonged to ❸Art Herring, who wore a size three. Myril Hoag, ❹apparently, wore one size four and one size four and a half.

We'd ❺signed a deal with ❻the Cienfuegos club: seven hundred a month and two-fifty for ❼expenses. We also got a place on the beach, ❽supposedly, and a woman to do the cleaning, though we had to pay her bus fare ❾back and forth. It sounded a lot better than the Mexican League, which had teams with names like ❿Coatzacoalcos. Forget the Mexican League, Charley'd said when I brought it up. Once I guess he'd heard some ⓫retreads from that circuit talking about the Scorpions, and he'd said, "They have a team with that name?" and they'd said no.

When Ericksson finished with feet he wanted to talk politics.

❶ went on to ... <go on to ...: 次に〜をする
❷ considerably: かなり
❸ Art Herring ... Myril Hoag: ヘリング（1906-95）は実在の投手、ホーグ（1908-71）も実在の野手だが、サイズ 3、4、4.5 はそれぞれ 21、22、23㎝ぐらいなので話は眉唾もの。
❹ apparently:「明らかに」ではなく「どうやら」。
❺ signed a deal with ...: 〜と契約した
❻ the Cienfuegos club:（キューバ中南部の港町）シエンフエゴスのチーム
❼ expenses: 経費
❽ supposedly: 〜という話だった（ほんとかなあ、という含み）。*Mr. Smith is supposedly a wealthy businessman.*（スミス氏は裕福な実業家と思われている。『コンパスローズ英和辞典』）

のチームの帽子を目深にかぶったまま言った。「道中ずっと日蔭になるからさ」

エリクソンはそのうち足の話をやり出し、おかげで長旅がだいぶ短く感じられた。エリクソンの見解では、大リーグ史上最小の足の持ち主はアート・ヘリング、サイズ3。ミリル・ホーグは片足がサイズ4で、もう一方が4.5だったらしい。

キューバへ発つ前に、俺たちシエンフエゴスのチームと契約を交わしていた。月700ドル、プラス必要経費250。海辺に家政婦つきの家も用意してあるって話だった。家政婦の通いのバス代は俺たち持ちだけど、とにかくメキシカン・リーグよりずっといい。メキシコじゃ、チームの名前だってコアツァコアルコスとかそんなのばっかりだ。メキシカン・リーグなんて忘れちまいな、と俺が話を持ち出したときもチャーリーが言った。どうやら前に、誰かメキシコ帰りのプレーヤーがサソリ（スコーピオンズ）の話をしてるのを聞いて、「あっちじゃそんな名前のチームがあるのか？」とチャーリーは訊き、あるもんか、と言われたらしい。

足の話が終わると、今度はエリクソンは、政治の話をやり出した。朝鮮戦

❾ back and forth: 行き帰りの
❿ Coatzacoalcos: メキシコ南東部の市コアツァコアルコス。
⓫ retreads from that circuit: そこ（メキシコ）のリーグ（circuit）から戻ってきた選手たち

Not only ❶the whole Korean thing—❷truce negotiations, we're on a thirty-one-hour train ride with someone who wants to talk truce negotiations—but this whole thing with Cuba and other Latin American countries and ❸Kremlin expansionism. Ericksson ❹could get going on Kremlin expansionism.

"Charley's ❺not much on politics," I said, ❻trying to turn off the spigot.

"You can talk politics if you want," Charley said from under his hat. "Talk politics. I got a degree. ❼I can keep up. ❽I got a B.S. from Schenectady." The B.S. stood for "Boots and Shoes," meaning he worked in a factory.

❾So there we were in Cuba. Standing on the dock, peering into the sun, dragging our big ❿duffel bags like dogs that wouldn't cooperate.

We're standing there sweating on our bags and ⓫wondering

❶ the whole Korean thing:（当時勃発していた）朝鮮戦争のこともろもろ
❷ truce: 休戦
❸ Kremlin expansionism: クレムリン（ソビエト連邦）の拡張主義。当時は冷戦のただなかで米ソが勢力を競いあっていることは、政治にまったく興味のない野球選手でもいちおう知っている。
❹ could get going on ...:（調子に乗って）～をえんえん続けかねなかった
❺ not much on ...: ～は得意でない
❻ trying to turn off the spigot: 蛇口を閉めようと
❼ I can keep up: 話についていける
❽ I got a B. S. from Schenectady:「スケネクタディ大学を出ている」と聞こえる。B. S. は Bachelor of Science(理学士)のこと。スケネクタディはニューヨーク州東部の工業都市で、ゼネラル・エレクトリック社とのつながりで知ら

争は言うに及ばず——休戦交渉がどうたらこうたら、31時間の汽車旅で休戦交渉の話なんかしたがる奴と一緒なわけだ——キューバやラテンアメリカ諸国がどうたら、クレムリンの拡張主義がこうたら。クレムリンの拡張主義の話なんか、もうほんとに止まらなかった。

「チャーリーはさ、政治はあんまり明るくないんだ」と俺は勢いをせきとめようとして言った。

「政治の話、したけりゃ遠慮するこたないぜ」とチャーリーは帽子の下から言った。「しろよ、政治の話。俺だって学位持ってるからさ。ちゃんとついてけるよ。スケネクタディのBS持ってんだから」。BSって言ったって理学士号（バチェラー・オブ・サイエンス）じゃない、「ブーツ・アンド・シューズ」、要するに工場で働いてたってことだ。

　そうこうしてるうちに、キューバに着いた。波止場に立って、目をすぼめて太陽を見て、言うこときかない犬みたいに重たいダッフルバッグ引きずって。

　ぼたぼた汗をバッグに垂らしながら、出迎えのチーム関係者はどこだ、と

れる。

❾ So there we were in ...: てなわけで俺たちは〜に着いた

❿ duffel bag(s): 円筒形、ズック製の大型バッグ

⓫ wondering where the team rep who's supposed to meet us is: 俺たちを迎えに来るはずのチームの担当者（rep=representative）はどこにいるのかと思いながら。wondering where ... is の ... の部分がやや長くなっている。

where the team rep who's supposed to meet us is, and meanwhile ❶a riot breaks out a block and a half away. We thought it was ❷a block party at first. ❸This skinny guy in a ❹pleated white shirt and one of those ❺cigar-ad pointed beards was ❻racketing away at the crowd, which was yelling and ❼carrying on. He was over six feet. He looked strong, ❽wiry, but in terms of ❾heft somewhere between ❿flyweight and ⓫poster child. He ⓬was scoring big ⓭with some points he was making holding up ⓮a bolt of cloth. He ⓯said something that got them all going, and ⓰up he went onto their shoulders, and they paraded him around ⓱past the storefronts, everybody shouting "⓲Cas*tro!* Cas*tro!* Cas*tro!*" ⓳which Charley and me figured was the guy's name. ⓴We were still sitting there in the sun like idiots. ㉑They circled around past us and stopped.

❶ a riot breaks out: 騒動が始まる。break out は騒乱・戦争・疫病などが始まるときに使う。
❷ a block party: 地元の街路の交通を遮断して開く祭りやフェスティバル。
❸ This: 初めて話に出る人や物に使い、臨場感を出す口語的な言い方。『第２巻 他人になってみる』p. 86, ll. 12-13 の "I hear her do this little laugh" と同じ。
❹ pleated: プリーツのついた
❺ cigar-ad pointed beards: 葉巻の広告（ad=advertisement）に出てきそうな、先の尖ったアゴひげ
❻ racket(ing) away at ...: 〜に向かってがなり立てる
❼ carry(ing) on: 大騒ぎする
❽ wiry:（針金〔wire〕のように）引き締まった体の
❾ heft: 体重
❿ flyweight: フライ級
⓫ poster child:（貧困支援団体などのポスターによく出てくる）飢えた子供
⓬ was scoring big: 大いに受けていた
⓭ with some points he was making: 目下述べ立てている何かの主張によって

あたりを見回していると、一ブロック半ばかり先で何やら騒ぎが始まった。初めは町内の祭りかと思った。痩せこけて、プリーツ付きワイシャツを着て、葉巻の広告なんかでよく見る尖ったアゴひげ生やした男が、群衆に向かって何やらわめいていて、群衆の方もギャアギャアどなって、騒々しいったらない。男は 180 センチ以上あって、細身で頑丈そうだけど、目方はまあフライ級と欠食児童のあいだかなって程度だ。何やらでっかい布切れを掲げて、何言ってるかわからんがとにかくメチャクチャ受けまくってる。奴が何か言うとみんなワーッと盛り上がって、そのうち奴を肩車でかつぎ上げて、商店街を練り歩きながらみんなで「カストロ！　カストロ！　カストロ！」と叫ぶんで、チャーリーも俺もそれが奴の名前なんだろうと思った。俺たちは相変わらず炎天下にぼさっとしてた。やがて連中は、俺たちの横を過ぎて止まった。みんな急に静かになって、俺たちと向きあった。あちらの主役は、山賊

⓮ a bolt of cloth: 一巻きの布

⓯ said something that got them all going: 何か言い、それでみんな盛り上がった。*It was the word "Caucasian" that got them all going.*（「白色人種」の一言でみんな盛り上がった。ZZ Packer, "Brownies"）

⓰ up he went: p. 110, l. 4 の "down we went" と同じ、語り口調に特有の倒置。

⓱ past the storefronts: 店先を通って

⓲ *Castro*: 前述のようにこの時点（1951 年）でのカストロは弁護士として活動、1953 年から武装闘争に入り、59 年 1 月 1 日にキューバ革命を達成。

⓳ which Charley and me figured was the guy's name: それ（「カストロ」）がその男の名前だろうとチャーリーと俺は見当をつけた。Charley and me figured が which was the guy's name に挿入されたような形。figure(d) は「判断する」の意で、非常によく使う口語。

⓴ We were still sitting there: sit は「座る」というよりは「じっとしている」。

㉑ They circled around past us and stopped: 俺たちの横を回り込むように過ぎていき、それから止まった

They got quiet, and we looked at each other. ❶The man of the hour was giving us ❷his fearsome bandido look. He was tall. He was skinny. ❸He was just a kid. He didn't look at all happy to see us.

He ❹looked about ready to say something that was not a welcome ❺when the *policia* waded in, swinging clubs ❻like they were getting paid by the concussion. ❼Which is when the riot started. The team rep showed up. We ❽got hustled out of there.

We'd arrived, ❾it turned out, ❿a few weeks into the season. Cienfuegos ⓫was a game down in the loss column to its big rival, ⓬Marianao. Charley called it Marianne.

⓭Cuba took more than a little getting used to. There was the heat: one team we played had a stadium that ⓮sat in a kind of natural bowl that ⓯held in the sun and dust. ⓰The dust floated around you like a golden fog. It glittered. Water streamed down your face and back. ⓱Your glove dripped. One of our guys ⓲had

❶ The man of the hour:（その場の）重要人物
❷ his fearsome bandido look: 恐ろし気な、山賊のような表情。bandido はスペイン語で bandit（山賊、追いはぎ）のこと。
❸ He was just a kid: カストロはこのとき 25 歳。
❹ looked about ready to say something: 今にも何か言おうとしているみたいに見えた（looked about / ready ではなく looked / about ready）
❺ when the *policia* waded in: その時警察がどかどか入り込んできた。policia はスペイン語で police のこと。
❻ like they were getting paid by the concussion: 脳震盪（concussion）ひとついくらで支払われているみたいに
❼ Which is when ...: このとき～した
❽ got hustled out of there: 急き立て（hustle）られてその場を離れた
❾ it turned out:「行ってみるとわかった」という感じ。
❿ a few weeks into the season: シーズンに入って何週間か経ったところに

みたいなスゴ味ある顔で俺たちを睨みつけてる。背は高い。痩せている。まだ小僧だ。俺たちが来たのを見て、ぜんぜん喜んじゃいない。

奴がいまにも口を開いて何か——まあ歓迎の挨拶じゃあるまい——言い出しそうに見えたところで、警察(ポリシア)が割り込んできて、棍棒を、脳震盪(のうしんとう)いくつで給料決まるのかよって感じにぶんぶん振りまわしはじめた。それで、暴動になった。チーム関係者がやっと現れて、さあさあこっちです、と俺たちをそそくさ連れ出した。

着いてみたらシーズンは二週間ばかり前にもう始まっていて、シエンフエゴスは宿敵マリアナオと１ゲーム差だった。チャーリーはマリアナオをマリアンヌと呼んだ。

キューバに慣れるのはすごく大変だった。まず暑さ。ある対戦チームの球場なんか、自然のすり鉢の底みたいな感じで、日光も埃もいったん入ったら外に出られない。黄金の霧みたいに、埃があたりにふわふわ浮かんでる。きらきら光って。汗が顔や背中を小川みたいにさらさら流れていく。グラブからも大粒のやつがしたたり落ちる。俺たちのピッチャーの一人はホームベー

⓫ was a game down in the loss column to ...: 直訳は「負け数の列で１ゲーム差をつけられて」。要するに１ゲーム差で２位だったということ。

⓬ Marianao: キューバ北西部の市（のチーム）

⓭ Cuba took more than a little getting used to: 直訳は「キューバは、少し以上の慣れが必要だった」。It took more than a little to get used to Cuba. と言っても同じ。

⓮ sat in a kind of natural bowl: 自然にできたすり鉢の底のような場所にあった

⓯ held in the sun and dust: 日差しと埃を閉じ込めた（held / in the sun ... ではなく held in / the sun ... と切る）

⓰ The dust floated around you like a golden fog: you はその場にいる人全般を指す。

⓱ Your glove dripped: グラブからも汗がぽたぽた垂れた

⓲ had trouble finding the plate: ホームプレートを見きわめるのにも苦労した

trouble finding the plate, and while ❶I stood there creeping in on the infield dirt, sweat ❷actually puddled around my feet.

There were the fans: one night they ❸pelted each other and the field with live snakes. They sang, endlessly. Every team in the ❹*Liga de Baseball Cubana* had its own slogan, ❺to be chanted during rallies, during seventh-inning stretches, or just when the crowd felt bored. ❻The Elefantes' was "*El paso del elefante es lento pero aplastante.*" Neither of us knew Spanish, and ❼by game two we knew our slogan by heart.

❽"What *is* that?" Charley finally asked Ericksson, who *habla*'d okay. "What are they saying?"

"'The Elephant passes slowly,'" Ericksson said, "'but it ❾squashes.'"

❿There were the pranks: as the outsiders, Charley and me ⓫expected the standards — the shaving-cream-in-the-shoe, ⓬the

❶ I stood there creeping in on the infield dirt:「内野の土の上でじりじり前に寄って守っていた」。
❷ actually puddled:（大げさでなく）文字どおり水たまりになった
❸ pelted each other and the field with live snakes: お互いに対し、またグラウンドの中に、生きた蛇を投げつけた
❹ *Liga de Baseball Cubana*: スペイン語で「キューバ野球リーグ」。
❺ to be chanted during rallies, during seventh-inning stretches: 反撃のチャンス（rallies）やラッキーセブン（seventh-inning stretches）にみんなで唱和すべき。stretches は立ち上がって手足を伸ばすこと。
❻ The Elefantes': エレファンテス（主人公たちのチーム名）のやつ（スローガン）
❼ by game two: 二試合目に出るころには
❽ "What *is* that?" Charley finally asked Ericksson, who *habla*'d okay:

スを見つけるのにも苦労してたし、俺も埃の舞う内野でじりじり前進守備やってると足下に汗の水たまりが出来た。

次に、観客。ある夜なんか、客同士生きたヘビを投げつけあって、ついでにグラウンドにも何匹か放り込んだ。そして奴らはえんえん歌う。リガ・デ・ベイスボル・クバナ（キューバ野球リーグ）のチームはどこも独自のスローガンを持っていて、反撃のチャンスとか、ラッキーセブン、あるいは単にみんな退屈したときなんかにそいつを何べんも唱えるのだ。エレファンテスのスローガンは「エル・パソ・デル・エレファンテ・エス・レント・ペロ・アプラスタンテ」。俺もチャーリーもスペイン語はぜんぜん駄目だけど、二試合目にはもうすっかり覚えてしまっていた。

「何なんだ、あれ？」とチャーリーは、いちおう会話(アブラ)できるエリクソンに訊いた。「何て言ってるんだ？」

「『象の歩みはのろい』」とエリクソンは言った。「『だが象は踏みつぶす』」

いたずらも半端じゃない。何せよそ者だから、俺もチャーリーもありきたりのやつは覚悟していた。靴にシェービングクリーム入れられるとか、靴に

チャーリーは（意味もわからず唱えていたが）とうとう「いったいどういう意味だ」と一応会話できるエリクソンに訊いた。habla はスペイン語で「会話」の意味で、それをそのまま動詞のように使っている。

❾ squash(es): ぺしゃんこにする

❿ There were the pranks:（暑さ、観客に続いて）さらに問題なのはいたずらだった

⓫ expected the standards: よくありがちないたずらは覚悟していた

⓬ the multiple hotfoot: hotfoot は靴にマッチを挟み込んで点火させるいたずらのことで、マッチを一本でなく数本挟んだので multiple と言っている。

multiple hotfoot — ❶but even so never got tired of ❷the bird-spider-in-the-cap, or ❸the crushed-chilies-in-the-water-fountain. ❹Many's the time, after such good-natured ribbing from our Latino teammates, we'd still be holding our ribs, toying with our bats, and wishing we could ❺identify the particular jokester in question.

There was the travel: the bus trips to ❻the other side of the island ❼that seemed to take short careers. I figured Cuba, ❽when I figured it at all, to be about the size of ❾Long Island, but I was not close. During one of those trips Ericksson, the only guy still in a good mood, ❿leaned over his seat back and gave me the bad news: if you laid Cuba over the eastern United States, he said, it'd stretch from New York to Chicago. Or something like that.

⓫And from New York to Chicago the neighborhood would go right down the toilet, Charley said, next to me.

❶ but even so never got tired of ...: しかしそれでも（even so）、～にはいつまでも飽きなかった＝～（のようなひどいいたずら）は、やれやれで済ませる気になれなかった

❷ the bird-spider-in-the-cap: bird spider は俗に言う「タランチュラ」で、鳥さえ食べるほど大型なのでこの名がある。ここではハイフンですべてつないで一つのフレーズにしてあり、「『帽子に大蜘蛛』作戦」という感じ。

❸ the crushed-chilies-in-the-water-fountain: 砕いたチリを水飲み器に入れ、激辛の水を飲ませるいたずら

❹ Many's the time〔...〕we'd still be holding our ribs ...: 俺たちがいまだ肋骨を押さえ～していたのも一度や二度ではなかった。hold our ribs in laughter といえば「ゲラゲラ（腹を押さえて）笑う」という意であり、いちおう顔では笑ってみせたということ。

❺ identify the particular jokester in question: このいたずらをやったおふざけ野郎（jokester）を突き止める

マッチ詰め込まれて履くとボッと火がつくとか。とはいえだ、帽子にオオツチグモが入ってるとか、水飲み器に砕いたトウガラシ入れてあるとか、そういうのが懲りずに続くとなるとありきたりじゃ済まない。わがラテン系チームメートたちから受ける善意のからかいにさんざん耐えた俺たちが、バットを握りしめ、いったい誰の仕業だバカヤロー、と行き場のない怒りを抱えたことも一度や二度じゃなかった。

そして、遠征。島の向こう側に行くだけで、短い野球人生が終わっちまう気がした。いままでは、キューバのことを考えると——まあ考えやしないけど、考えたとしたら——おおかたロングアイランドくらいの大きさだろうと思ってたが、ぜんぜんはずれだった。ある遠征で、ただ一人依然として上機嫌のエリクソンが、前の座席からこっちを向いて、嫌なことを言った。キューバをアメリカ東部に置いたら、ニューヨークからシカゴまですっぽり覆っちまうんだぜ。ちょっと違ってるかもしれんけどだいたいそのくらいさ。

で、ニューヨークからシカゴに行くまでに何もかもドツボにはまっちまうわけだ、と俺の隣に座っていたチャーリーが言った。

❻ the other side of the island: キューバは島国なので、シエンフエゴスのある南岸から反対の北海岸。

❼ that seemed to take short careers:（野球選手の）短めの生涯活動期間（short careers）ぐらいかかる (take) ように思えた

❽ when I figured it at all: ほとんど考えなかったが、いざ考えるとしたら、という感じ。

❾ Long Island: ロングアイランドはニューヨーク市の一部がある島で全長 190 キロ、キューバは 1250 キロ。なので "I was not close."

❿ leaned over his seat back: 前の座席から後ろに（背もたれを越えて）身を乗り出した

⓫ And from New York to Chicago the neighborhood would go right down the toilet: そしてニューヨークからシカゴに行くにつれ街はトイレに流される。土地柄がだんだん悪くなっていくということ。

Sometimes we'd leave right after a game, I mean without showering, and that meant no matter how many open windows you were able to manage ❶you smelled bad feet and armpit all the way back. On the mountain roads and switchbacks we ❷counted roadside crosses and smashed guardrails on the hairpin turns. One time Charley, ❸his head out the window to get any kind of air, ❹looked way down into an arroyo and kept looking. I asked him what he could see down there. He said a glove and some bats.

❺And finally there was what Ericksson called a Real Lack of Perspective. He was talking, of course, about ❻that famous South of the Border hotheadedness we'd all seen even in the bigs. In our first series against Marianao after Charley and I joined the team (the two of us ❼went two for twenty-six, and ❽we got swept; ❾so much for gringos to the rescue), an argument at home plate—not about whether the guy was out, but about whether ❿the tag had been too hard—brought out ⓫both managers, both benches,

❶ you smelled bad feet and armpit: bad は bad breath（口臭）などの bad と同じ。

❷ counted roadside crosses and smashed guardrails on the hairpin turns: ヘアピンカーブで、（かつて死傷事故のあった場所に立てる）路傍の十字架や傷ついたガードレールを数えた

❸ his head out the window to get any kind of air: 窓から首を出して少しでも空気を吸おうとしていたら

❹ looked way down into an arroyo: はるか下の涸れ谷を見下ろした。arroyo は中米などの切り立った断崖になった谷。

❺ And finally there was what Ericksson called a Real Lack of Perspective: これまで列挙してきた困った問題のうち最後は、エリクソンの言を借りるなら、「釣り合いの取れたものの見方（perspective）がまったくないこと」だと述べている。

時には試合が終わってすぐ、シャワーを浴びる間もなく出発しなきゃならんこともあった。そうすると、いくつ窓を開けようが帰り道ずっと、足やら腋の下やらが臭うこと臭うこと。ジグザグの山道に出ると、ヘアピンカーブの道端に並ぶ十字架やつぶれたガードレールなんかの数を俺たちは数えた。あるときチャーリーが、何でもいいから外の空気を吸おうと首をつき出し、道端の涸れ谷を見下ろしたら、目がそのままそこに貼りついてしまった。何が見えるんだ、と訊いたら、グラブ一個とバット何本か、と答えが返ってきた。

そしておしまいに、エリクソン言うところの「まるっきりのバランス感覚のなさ」。奴が言ってるのはもちろん、メジャーリーグでもお目にかかる、名にし負う、国境の南的気短さのことだ。俺とチャーリーが入って最初のマリアナオとの三連戦でも（俺たち二人で 26 打数 2 安打、試合も三連敗、アメ公(グリンゴ)弱小チームを救うの夢も一巻の終わりだった）、ホームプレートで乱闘が起きて、それもアウトかセーフかじゃなくてタッチが乱暴すぎたかどうかをめぐっての喧嘩だったんだが、両チームの監督、コーチ、選手、一人残

❻ that famous South of the Border hotheadedness: “South of the Border” は映画やポピュラーソングのタイトルとしても有名であり、誰でもすぐ「メキシコ」と考える（ここでは「中南米一般」ということ）。hotheadedness は「血の気の多さ」。
❼ went two for twenty-six: 26 打数で 2 安打だった
❽ we got swept: 連戦に全敗した
❾ so much for gringos to the rescue: アメリカ人が救いに、なんて話もおしまい。so much for ... は「〜なんてその程度だ」。*He's late again. So much for his promises.*（また遅刻だよ。彼の約束なんかどうせその程度だよ。『ロングマン英和辞典』）gringo は中南米で英米人を指す俗語。
❿ the tag: タッチ
⓫ both managers, both benches: 双方の監督と、ベンチにいた全選手

a blind batboy who ❶felt around everyone's legs for the discarded lumber, a drunk who'd been sleeping under the stands, reporters, a photographer, ❷a would-be beauty queen, the radio announcers, and a large number of ❸interested spectators. ❹I forget how it came out.

After we dropped a doubleheader in Havana our manager ❺had a pot broken over his head. The pot held a plant, which he kept and replanted. After a win at home ❻our starting third baseman was shot in the foot. We asked our manager, mostly through sign language, why. He said he didn't know why they picked the foot.

❼But it was more than that, too: On days off we'd sit in our hammocks and ❽look out our floor-to-ceiling windows and our screened patios and smell our garden with its flowers ❾with the colors from Mars and the breeze with the sea in it. ❿We'd feel like DiMaggio in his penthouse, ⓫as big league as big league could get. We'd ⓬fish on the coral reefs for yellowtail and mackerel, for

❶ felt around everyone's legs for the discarded lumber: みんなの足元を手探りして放り出されたバット（lumber）を探した
❷ a would-be beauty queen: 美人コンテスト優勝者気取りの（派手な）女
❸ interested spectators: 面白がった観客たち、野次馬連中
❹ I forget how it came out: 結局（その騒ぎが）どうなったか覚えていない
❺ had a pot broken over his head: 頭にぶつけられた植木鉢が割れた
❻ our starting third baseman: スターティングメンバーの三塁手
❼ But it was more than that, too: でもそれ以上でもあった＝そういう（大変な）ことだけでなく、いいこともあった
❽ look out our floor-to-ceiling windows and our screened patios: 床から天井まである大きな窓や、網戸のある中庭から外を眺める。look out the window というように、out のあとに of がないのはまったく普通。

らず出てきて、目の見えないバットボーイは捨てられたバットを探してみんなの足下をうろうろ手探りしてるし、スタンドの下で寝ていた酔っ払いも這い出てきて、新聞記者連だのカメラマンだの美人コンテスト志願だのラジオのアナウンサー連中だのが殺到した上に多数の観客がここぞとばかりどっとなだれ込んできたことは言うまでもない。どう片がついたかは忘れた。

ハバナでダブルヘッダーに連敗したとき、俺たちのチームの監督は頭に植木鉢を投げつけられた。割れた鉢には何か植物が植えてあって、監督はそいつを拾って別の鉢に植え直した。ホームグラウンドで勝ったある試合のあとなんか、三塁のレギュラーが片足を撃たれた。どうして撃たれたんだ、と監督に、主にジェスチャーで訊いてみたら、なぜ足を狙ったのかわからない、監督は答えた。

でも、それだけじゃなかった。休みの日には、俺たちハンモックに寝そべって、天井から床まである大きな窓の外や、網戸つきの中庭(パティオ)を眺め、火星から来たみたいに色あざやかな花の咲き乱れる庭のかぐわしさや、海の香りをたたえたそよ風の匂いを嗅いだ。まるっきり、ペントハウスに収まったジョー・ディマジオみたいな気分だった。これなら大リーグでも超一流クラスだ。サンゴ礁でフエダイやサバ、エビやロブスターを釣って、自分たちで料理した。

❾ with the colors from Mars: 火星から持って来たような（エキゾチックな）色の

❿ We'd feel like DiMaggio in his penthouse: Joe DiMaggio（1914-99）は言わずとしれた有名大リーガー、penthouse は最上階アパートメントを指し「高級」という響きがある。

⓫ as big league as big league could get: 直訳は「これ以上大リーグ（的）にはなりえないくらい大リーグ（的）」。

⓬ fish on the coral reefs for yellowtail and mackerel, for shrimp and rock lobster: サンゴ礁でフエダイ（yellowtail）、サバ（mackerel）、エビ、ロブスターを釣る

shrimp and rock lobster. We'd cook it ourselves. ❶Ericksson started eating over, and he ❷did great things with coconut and lime and beer.

And our hitting began to improve.

❸One for five, one for four, two for five, two for five ❹with two doubles: ❺the box scores were looking up and up, Spanish or not. One night we went to an American restaurant in Havana, and on ❻the place on the check for comments I wrote, *I went 3 for 5 today*.

Cienfuegos ❼went on a little streak: nine wins in a row, fourteen out of fifteen. We ❽caught and passed Marianao. Even Ericksson was slimming down. He ❾pounced on bunts and ❿stomped around home plate like a man killing bees before ⓫gunning runners out. We were ⓬on a winner.

Which is why politics, like it always does, ⓭had to stick its nose in. ⓮The president of our tropical paradise, who reminded Charley

❶ Ericksson started eating over: エリクソンも食べに来るようになった。over は come over（やって来る、訪ねてくる）の over と同じ。
❷ did great things with ...: ～を使って素晴らしい（料理の）腕前を見せた
❸ One for five: for の前が安打数、後が打席数を表す。以下同様。
❹ with two doubles: 打った２本が二塁打で
❺ the box scores were looking up and up, Spanish or not: ボックススコア（成績を記した表）はどんどん好転していった。成績は数字であり一目瞭然なので、Spanish or not と言っている。
❻ the place on the check for comments: 勘定書きのコメント欄
❼ went on a little streak: a winning streak と言うことも多いが、ここでは文脈からわかるので winning は省いている。
❽ caught and passed: 追いつき追い越した
❾ pounce(d) on bunts: すばやくバント球に飛びつく
❿ stomp(ed) around ...: ～のあたりでドスドス足を踏みならす

エリクソンも食いにくるようになって、ココナッツやライムやビールを使って料理の腕を振るった。

そして、俺たちのバッティングも上向きになってきた。

5の1、4の1、5の2、5の2で二本とも二塁打、成績はぐんぐんよくなっていく。スペイン語でも数字はわかる。ある晩、ハバナのアメリカン・レストランで食事して、俺は勘定書きにコメント代わりに「今日は5の3だったぜ」と書いた。

シエンフエゴスの快進撃が始まった。9連勝を皮切りに、15試合で14勝。マリアナオにも追いつき、追い越した。エリクソンの体重までスリムダウンしてきた。バントの打球をガバッとつかんで、蜂退治でもするみたいにホームプレートのあたりをどすどす踏みならし、ズバッとランナーを刺すのだ。俺たちは絶好調だった。

で、そういうときに限って、政治なんてものが首をつっこんでくるわけで。われらが熱帯パラダイスの大統領は、チャーリーに言わせりゃハリー・トルー

⓫ gun(ning) runners out: ランナーを（刺して）アウトにする
⓬ on a winner:（勝ち馬に乗っているように）好調で
⓭ had to stick its nose in:（頼みもしないのに）わざわざ鼻を突っ込んできた。この have to は、本人が何かせずにいられないというよりは、わざわざそんなことをやって周りが迷惑だ、というニュアンス。
⓮ The president ..., who reminded Charley more of Akim Tamiroff than Harry Truman, was a guy named Batista: バチスタは大統領なのだから、当時のアメリカ大統領トルーマンを連想させてもいいわけだが、チャーリーから見るとむしろ、ロシア系の映画俳優アキム・タミロフ（1899-1972）を思わせたということ。まあたしかに、似ている気も……

バチスタ

タミロフ

more of Akim Tamiroff than Harry Truman, was a guy named Batista who was not well liked. This we could tell because when we said his name our teammates would repeat it and then spit on the ground or our feet. We decided to ❶go easy on the political side of things and ❷keep mum on the subject of our opinions, which we mostly didn't have. Ericksson ❸threatened periodically to get us all into trouble or, worse, a discussion, ❹except his Spanish didn't always hold up, and the first time he tried to talk politics everyone agreed with what he was saying and then brought him ❺a bedpan.

❻Neither of us, as I said before, was much for the front of the newspaper, but ❼you didn't have to be Mr. News to see that Cuba was ❽about as bad as it got ❾in terms of who was running what: ❿the payoffs got to the point where we figured that ⓫guys getting sworn in for public office put their hands out instead of up. We ⓬paid off local mailmen to get our mail. We paid off traffic cops

❶ go easy on the political side of things: 政治的な話は控えめにする
❷ keep mum on the subject of our opinions: 俺たちの（政治的な）意見については黙っている
❸ threatened periodically to get us all into trouble: 定期的に俺たち全員をトラブルに巻き込みかねないことをやった。threatened は「脅した」ではなく、「〜する危険のあることをやった」。
❹ except his Spanish didn't always hold up: ただし奴のスペイン語はいつも持ちこたえる（hold up）わけではなかった
❺ a bedpan: しびん、おまる
❻ Neither of us ... was much for the front of the newspaper: 二人とも新聞の第一面（に載っているような時事問題）が得意ではなかった
❼ you didn't have to be Mr. News to see that ...: 別にニュース博士でなくたって（自然に）〜だとわかった
❽ about as bad as it got: about は「ほぼ」。as bad as it got は p. 126, ll.

マンてゆうよりエイキム・タミロフって感じのバチスタっていう男で、国民には好かれてなかった。どうしてわかるかっていうと、俺たちがその名前を口にするたび、チームメートの連中がそれをくり返してペッと地面か俺たちの足下めがけてツバを吐くのだ。政治についてはこだわらないことにして、我々の意見はですね、なんてことは言わず黙っていようと決めたが、そもそも俺たち意見なんてろくに持っちゃいなかった。エリクソンは何度もくり返し俺たちをトラブルに、そして（こっちの方がもっと悪い）議論に巻き込もうとしたが、幸いそこまでスペイン語が達者ではなく、奴が初めて政治の話をやり出したときもみんなうんうんとうなずいてから、何か取りに行ったと思ったら、おまるを持ってきたのだった。

さっきも言ったが俺もチャーリーも新聞の第一面とかあんまり読まなかったけど、そんなの見なくたってキューバって国の政治がメチャクチャだってことくらいすぐわかる。賄賂がはびこってるの何のって、ここじゃ公務員になる奴らは宣誓するとき手を上げるんじゃなくて差し出すんじゃないかって感じだった。郵便を受けとるにも郵便配達に賄賂。交差点を抜けるには交通

15-16 の as big league as big league could get と同様。

❾ in terms of who was running what: 誰が何を運営しているのか、という点では

❿ the payoffs got to the point where ...: 賄賂が〜するくらいになっていた。*I've reached the point where I just don't care any more.*（もうどうでもいいと思うくらいになってしまった。『ロングマン英和辞典』）

⓫ guys getting sworn in for public office put their hands out instead of up: 公職（public office）に宣誓して就任する（getting sworn in）連中が、手を上に挙げるのでなく前に出す。get sworn in は、聖書などに手を置き職務を忠実に果たすと誓うこと。この国では代わりに、賄賂をよこせと目の前の人に突き出すんじゃないか、ということ。

⓬ paid off: 〜に賄賂を払った

to get through intersections. ❶It didn't seem like the kind of thing that could go on forever, especially since most of the Cubans on the island didn't get ❷expense money.

So this Batista — "Akim" to Charley — wasn't doing a good job, and it looked like ❸your run-of-the-mill Cuban was hot about that. He kept most of the money for himself and his pals. If you were ❹on the outs and needed food or medicine ❺it was your hard luck. And according to some of our teammates, when you went to jail — for whatever, for spitting on the sidewalk — bad things happened to you. ❻Relatives wrote you off.

So there were a lot of protests, ❼*demonstraciones,* that winter, and driving around town in cabs we always seemed to run into them, which meant ❽trips out to eat or to pick up the paper ❾might run half the day. It was the only ❿nonfinable excuse for showing up late to ⓫the ballpark.

⓬But then the demonstrations started at the games, in the

❶ It didn't seem like the kind of thing that could go on forever: 直訳は「それは永久に続きうるたぐいのことには思えなかった」。
❷ expense money: 必要経費
❸ your run-of-the-mill Cuban was hot about that: 普通のキューバ人はそのことで怒っていた
❹ on the outs: "in disfavor" (*Random House Historical Dictionary of American Slang*)「運に見放されて」。
❺ it was your hard luck:「そりゃ運が悪かったねえ」で終わりだった
❻ Relatives wrote you off: write ... off は「〜に見切りをつける」
❼ *demonstraciones*: いかにも「デモ」を意味するスペイン語に思えるが、「デモ」に当たる正しいスペイン語は manifestación。作者が語り手に適当なスペイン語を言わせたか。

巡査に賄賂。いくら何だって、こんなこといつまでも続くわけない。国民の大半は俺たちみたいに必要経費なんてもらっちゃいないんだから。

要するに、このバチスタって奴——チャーリーには「エイキム」——はロクな仕事してないわけで、そこらへんのキューバ人は相当カッカきてる。自分と一握りの仲間だけで、国のカネを大半独占してるんだから。貧乏で食い物や薬に困っても、お気の毒さま、でおしまい。チームメートの話じゃ、牢屋に入れられると——理由は何だっていい、歩道にツバ吐いたとか——ずいぶんひどい目に遭うらしかった。親戚もみんな、もう帰ってこないものとあきらめる。

というわけで、その冬は国じゅうでデモ——デモンストラシオーネス——をやっていて、タクシーで街を走るといつもかならずデモにぶつかる気がした。だから、メシ食いに行くか新聞買いに行くかするだけで、半日つぶれたりする。試合に遅刻した理由として、唯一罰金が課されないのがこれだった。

ところがそのうち、試合中にも、スタンドでデモがはじまるようになった。

❽ trips out to eat or to pick up the paper: 食事に行ったり新聞を買いに行ったりする外出

❾ might run half the day: 半日がかりになりかねない。run は何かが時間的にどれくらい続くかを言う。

❿ nonfinable: 罰金（fine）を取られずに済む

⓫ the ballpark: 野球場

⓬ But then: ところが今度は（〜するようになった）

stands. ❶And guess who'd usually be leading them, in his little pleated shirt and orange-and-black Marianao cap? We'd be ❷two or three innings in, and ❸the crowd out along the third-base line would get up ❹like the chorus in a Busby Berkeley musical and start singing and swaying back and forth, their arms in the air. They were not singing the team slogan. The first time it happened Batista himself was in the stands, ❺surrounded by like forty bodyguards. He had *his* arms crossed and was ❻staring over at Castro, who had his arms crossed and was staring back. Charley was at the plate, and I was ❼on deck.

Charley walked over to me, bat still on his shoulder. I'm not sure anybody had ❽called time. The pitcher was watching the crowd, too. "Now what is this?" Charley wanted to know.

I told him it could have been a religious thing, or somebody's birthday. ❾He looked at me. "I mean like a national hero's, or something," I said.

❶ And guess who'd usually be leading them: で、そのデモをたいてい先導しているのは誰だと思う？　この場合は「当ててごらん」というニュアンスがあるので think でも suppose でもなくかならず guess。

❷ two or three innings in:（試合が）2 回か 3 回まで進んで

❸ the crowd out along the third-base line: 三塁のベースラインに沿った側（つまりビジターであるマリアナオ側）の観客

❹ like the chorus in a Busby Berkeley musical: バズビー・バークリーのミュージカル映画のコーラスみたいに。バークリー（1895-1976）の映画といえば、大勢のダンサーが一糸乱れぬ歌と踊りを繰り広げるレビューシーンで有名。1930 年代に人気を博した。

❺ surrounded by like forty bodyguards: 40 人くらいのボディガードに囲まれて。like のこういう使い方は口語ではごく普通。

で、たいていそのデモを、プリーツ付きのシャツ着て、オレンジと黒のマリアナオ帽かぶって指揮してる奴はどこのどいつだと思う？　2回か3回までゲームが進んだあたりで、三塁側の観客がバズビー・バークリーのミュージカルのコーラスみたいにみんなですっくと立ち上がって、歌いながら体を前後に揺らして、両腕を宙に振り回す。歌ってるのはチームのスローガンじゃなかった。これが初めて起きたとき、バチスタ本人もスタンドにいて、ざっと40人ばかりのボディガードに囲まれていた。腕組みして、カストロの方をじっと睨んでいたが、カストロもやっぱり腕組みして睨み返していた。バッターボックスにはチャーリー、次は俺の打順だった。

チャーリーが俺の方に、バットを肩に載せたまま歩いてきた。誰かがタイムをかけたかどうかもよくわからない。ピッチャーもスタンドの方を見ている。「おい、これ何なんだ？」とチャーリーは言った。

何か宗教にでも関係あるんじゃないの、と俺は答えた。それとも誰かの誕生日とか。チャーリーが俺の顔を見た。「だから、ほら、国家の英雄とかのさ」と俺は言った。

❻ staring over at Castro: バチスタは一塁側にいるので、グラウンドをはさんで向こうにいるカストロを睨んでいる。なので over。
❼ on deck: 次の打順で
❽ called time: タイムを取った
❾ He looked at me: たぶん、アホか、という顔で見ている。

He was still ❶peering over at Castro's side of the crowd, swinging his bat to ❷keep limber, ❸experimenting with that chipped-tooth whistle. "What're they saying?" he asked.

"It's in Spanish," I said.

Charley shook his head and then ❹shot a look over to Batista on the first-base side. "Akim's ❺gonna love this," he said. But Batista sat there like this happened all the time. The umpire straightened every inch of clothing behind his chest protector and then ❻had enough and started ❼signaling play to resume, so Charley got back into the batter's box, ❽dug in, set himself, and ❾unloaded big time on the next pitch and ❿put it on a line ⓫without meaning to into the crowd on the third-base side. A whole side of the stands ⓬ducked, and a couple of people ⓭flailed and ⓮went down like they were shot. You could see people ⓯standing over them.

Castro in the meantime stood ⓰in the middle of this with his arms still folded, ⓱like Peary at the Pole, or ⓲Admiral Whoever

❶ peer(ing): 目を凝らして見る
❷ keep limber:（体を）柔軟にしておく
❸ experimenting with that chipped-tooth whistle: 直訳は「あの欠けた歯の口笛を実験しながら」。
❹ shot a look over to ...: ～に視線を投げた
❺ gonna: going to
❻ had enough: もう十分だと考えた
❼ signal(ing) play to resume: ジェスチャーでプレー再開を命じる
❽ dug in, set himself: 足下の土を掘って、構えた
❾ unloaded big time: フルスイングで思い切り打った。big time は副詞的に「ものすごく、大いに」の意味。
❿ put it on a line ... into the crowd: 一直線に観客席へ飛ばした
⓫ without meaning to: そんなつもりもなしに。to のあとに put it on a line ...

チャーリーはまだカストロ側の観客に見入ったまま、バットを振って体をほぐしながら、例の歯欠け口笛をいろいろ試していた。「何て言ってるんだ？」とチャーリーは訊いた。

「スペイン語だぜ」と俺は言った。

チャーリーは首を横に振って、一塁側のバチスタにさっと目をやった。「エイキムの奴、さぞ嬉しかろうよ」とチャーリーは言った。でもバチスタはこんなの年じゅう見てるさって顔して身じろぎもしない。アンパイアはプロテクターのうしろの服のしわを隅から隅まで伸ばし、それも済んで、さすがにもう沢山だと思ったか、プレー再開の合図をした。チャーリーはバッターボックスに戻ってスパイクで足下を掘り、構えて、球が来ると思いきりスイングして、そんなつもりじゃなかったんだろうがライナーのファウルで三塁側観客席を直撃した。スタンドの片側全部が球をよけて揺れ、何人かは腕をあたふた振り回して、撃たれたみたいにばったり倒れた。ほかの連中がまわりから見下ろしてるのが見えた。

その間カストロは相変わらず平然と腕組みしたままぴくりとも動かず、北極に達したピアリーというか、船首に大砲がヒュウヒュウ飛んでくるのにも

が省かれている。

⓬ duck(ed):（何かをよけて）かがむ

⓭ flail(ed): 腕を（ぶんぶん）振り回す

⓮ went down: 倒れた

⓯ standing over them: 彼ら（倒れた人）を見下ろして

⓰ in the middle of this: この騒ぎの只中で

⓱ like Peary at the Pole: 北極点にいるピアリーのように。Robert Peary（1856-1920）は北極点に初めて到達したアメリカの探検家。

⓲ Admiral Whoever taking grapeshot across the bow: 船首の先から飛んできたぶどう弾（昔使われた砲弾の一種）を浴びるナントカ提督。名前を思い出せないのでこのように言っているが、トラファルガー海戦（1805）で戦死した勇将ネルソン提督（Horatio Nelson, 1758-1805）を思わせる。

taking grapeshot across the bow. ❶You had to give him credit.

Charley stepped out of the box and surveyed the damage, ❷cringing a little. Behind him I could see Batista, his hands together over his head, shaking them in congratulation.

"❸Wouldn't you know it," Charley said, ❹still a little rueful. "I ❺finally get a hold of one and zing it foul."

"I hope nobody's dead over there," I said. I could see somebody ❻holding up a hat and looking down, ❼like that was all that was left. Castro was still staring out over the field.

"❽Wouldn't that be our luck," Charley said, but he did look worried.

Charley ❾ended up doubling, which the third-base side booed, and then stealing third, which they booed even more. While he stood ❿on the bag brushing himself off and ⓫feeling quite the pepperpot, Castro stood up and ⓬caught him flush on the back of the head with ⓭what looked like an entire burrito of some sort.

❶ You had to give him credit: You had to give him credit for being brave ということ。「度胸があることは認めざるを得なかった」。
❷ cringing a little: 少し（怖そうに）縮こまって
❸ Wouldn't you know it: 案の定、やっぱり（『プログレッシブ英和中辞典』）
❹ still a little rueful: まだ少し残念そうに
❺ finally get a hold of one and zing it foul: 今度ばかりはしっかりとらえて打ったが、すごい勢いでファウルにしてしまう。zing は漫画などにも「ビュン！」という感じによく描き込まれる。
❻ holding up a hat and looking down: 死者への敬意を示したしぐさか？
❼ like that was all that was left: それが残っているすべてであるかのように＝それくらいしか（することは）残っていないかのように
❽ Wouldn't that be our luck: それ（死者が出ること）が俺たちの運じゃないか？

平然として立つナントカ提督というか。まあこれはこれで大したもんだ。

チャーリーはバッターボックスを出て、ちょっとビビッた顔でスタンドの様子を見渡した。その向こうにはバチスタが見える——頭上で合わせた両手を、よくやったとばかり勢いよく振ってる。

「ったく俺らしいよな」とチャーリーはまだ少し暗い顔で言った。「やっとしっかり球捉えたと思ったら、目にも止まらぬ弾丸ファウルだ」

「あそこ、誰も死んでないといいけどな」と俺は言った。誰かが帽子をかざして見下ろしているのが見えた。何だかもう手の施しようもないって感じだ。カストロはまだ向こう側のスタンドを睨みつけている。

「ありうるぜ、俺たちのツキなら」とチャーリーは軽く言ったが、顔は本気で心配してるみたいだった。

チャーリーは結局二塁打を打って、三塁側からブーイングを浴び、それからサードに盗塁してもっと大きなブーイングを浴びた。チャーリーが三塁ベースに立って得意満面ユニフォームの埃を払っていると、カストロが立ち上がって、チャーリーの後頭部に、まだ一口も食ってないブリトーだか何だ

❾ ended up doubling: 結局二塁打 (double) を打った
❿ on the bag brushing himself off: 三塁ベース (bag) にいて体をはたいて
⓫ feeling quite the pepperpot: pepperpot は「コショウのつぼ」だが、ここでは「元気（pepper）にあふれて、意気揚々と」の意。
⓬ caught him flush on the back of the head: もろに (flush) 後頭部に命中させた
⓭ what looked like an entire burrito of some sort: 直訳は「何かのブリトー丸ごと一個と見えるもの」。ブリトーは小麦粉を焼いた薄い生地で野菜や肉を巻いた、メキシコ料理の定番。

Mashed beans flew.

The crowd loved it. Castro sat back down, accepting congratulations all around. Charley, when he recovered, ❶made a move like he was going into the stands, but ❷no one in the stadium went for the bluff. So he just stood there with his hands on his hips, ❸the splattered third baseman pointing him out to the crowd and laughing. He stood there on third and waited for me to ❹bring him home ❺so he could spike the catcher to death. He had onions and probably some ❻ground meat on his cap.

❼That particular Cold War crisis ended ❽with my lining out, a rocket, to short.

In the dugout afterwards I told Charley it had been that same guy, Castro, from our first day on the dock. He said that ❾that figured and that he wanted to ❿work on his bat control so he could kill the guy with ⓫a line drive if he ever saw him in the stands again.

❶ made a move like ...: 〜しそうなそぶりを見せた
❷ no one ... went for the bluff: 誰もハッタリにひっかからなかった
❸ the splattered third baseman pointing him out to the crowd:（豆の）とばっちりを浴びた三塁手が、観客に向かって彼を（嘲るように）指さして
❹ bring him home:（打って）彼をホームインさせる
❺ so he could spike the catcher to death: キャッチャーをスパイクで蹴り殺せるように。この so he could ... は第 2 巻 p. 30, l. 5 の "I tried to open it so I could get a stone in" やこのページ ll. 14-15 の "so he could kill the guy ..." などと同じ。
❻ ground meat: 挽肉（ground は grind の過去分詞）
❼ That particular Cold War crisis: この冷戦危機。チャーリーとキャッチャーとの対立を米ソの対立にたとえている。particular は「個別の」「特定の」を

かを投げつけた。見事命中し、ビーンズのペーストが飛び散った。

観客は大喜びだった。カストロはふたたび腰を下ろして、四方から喝采を受けた。ようやく気を取り直したチャーリーはスタンドに飛び込んで行きそうなしぐさをしてみせたが、スタジアムじゅう誰もそんなハッタリに乗りゃしない。ブリトーのはね返りを浴びた三塁手は、両手を腰に当ててつっ立ったチャーリーを観客に向かって指さし、ゲラゲラ笑っていた。そしてチャーリーは、あわよくばスパイクでキャッチャーをぶっ殺してやろうという魂胆で、俺が奴をホームに迎え入れるのを待ちかまえている。帽子には玉ネギがどっさり、挽肉もついてるみたいだった。

この冷戦危機は、俺がショートライナーを打ってアウトになることで回避された。

あとでダッグアウトで、波止場に着いた日にいたあのカストロとかいう奴だぜ、とチャーリーに教えてやった。それでわかった、とチャーリーは言って、こいつはひとつ練習しなくちゃな、バットコントロールに磨きをかけて、あいつをもう一回スタンドで見かけたらライナーぶっつけて殺してやる、と言った。

意味し、日本語訳には出ないことも多い。出る例としては *On this particular day, I didn't have my camera with me.*（この日に限ってカメラを持っていなかった）

❽ with my lining out, a rocket, to short: 俺がショートへ、ロケットなみの弾丸ライナーを打ってアウトになる（line out）ことで

❾ that figured <that figures: やっぱりそうか、なるほどね

❿ work on his bat control: うまくバットを操れるよう練習する

⓫ a line drive: ライナー

This Castro ❶came up a lot. There was a guy on the team, a ❷light-hitting left fielder named Rafa, who used to lecture us in Spanish, ❸very worked up. Big supporter of Castro. You could see he ❹was upset about something. Ericksson and I would nod, ❺like we'd given what he was on about some serious thought, and ❻were just about to weigh in on that very subject. I'd usually end the meetings ❼by giving him a thumbs-up and heading out onto the field. Ericksson knew it was about politics so he was interested. Charley ❽had no patience for it on good days and hearing this guy bring up Castro ❾didn't help. ❿Every so often he'd call across our lockers, "He wants to know if you want to meet his sister."

Finally Rafa ⓫took to bringing an interpreter, and he'd find us at dinners, waiting for buses, ⓬taking warm-ups, ⓭and up would come the two of them, Rafa and his interpreter, like this was sports day at ⓮the U.N. Rafa would ⓯rattle on while we

❶ came up a lot: しょっちゅう話題に出た
❷ light-hitting: さほど強打者ではない
❸ very worked up: ひどく興奮して
❹ was upset about something: 何かについて怒っている。upset は「動揺している」「うろたえている」が原義だが、ほとんど「怒り」に近いことも多い。
❺ like we'd given what he was on about some serious thought: like we'd given / what he was on about / some serious thought と切る。「彼がまくし立てている事柄（what he was on about）を真剣に考えてみたかのように」。be on about: ～について長々と話す。*What is he on about?*（あの男は何をくどくどとしゃべっているんだ。『コンパスローズ英和辞典』）
❻ were just about to weigh in on that very subject: まさにその話題について、今にも議論に加わろう（weigh in）としていた
❼ by giving him a thumbs-up: 賛成のしるしに親指を立ててみせることで

このカストロって奴はしょっちゅう話に出てきた。チームに一人、ラファっていうシングルヒットタイプの左翼手がいて、こいつがよく、ものすごくカッカした様子で俺たちにスペイン語で講釈しようとした。カストロにかぶれていて、世をひどく憂(うれ)いているらしい。エリクソンと俺は、ラファの話をさも真剣に考えてみましたってふうにうなずき、いまにも口を開いて自分の意見を開陳しそうな顔をしてみせた。俺はたいてい、そうともさって感じで親指を立ててグラウンドへ向かい、話し合いを終わらせた。エリクソンは政治の話が来たものだから興味をそそられていた。チャーリーはといえば、機嫌のいい日でもそういう話にはいい顔しないわけで、ラファがカストロの名前を持ち出しても足しにはならなかった。ロッカルームじゅうに聞こえる声で、奴はよくどなった。「おい、ラファが妹を紹介してくれるってよ」

とうとうラファは通訳を連れてくることにした。俺たちがメシ食ってたりバス待ってたりウォームアップやってたりしてるところに、二人でやって来るのだ。まるっきり国連のスポーツデーだ。俺たちがメシや何かをそのまま

❽ had no patience for it on good days: even on good days ということ。
❾ didn't help: 役に立たなかった
❿ Every so often he'd call across our lockers:（ラファがまくし立てていると）時おりロッカーをはさんで大声で言った
⓫ took to bringing an interpreter: 通訳まで連れてくるようになった。*She has taken to getting up early to go jogging.*（彼女は早起きしてジョギングに行く習慣がついた。『ロングマン英和辞典』）
⓬ taking warm-ups: ウォームアップをしている
⓭ and up would come the two of them: and the two of them would come up の倒置語り口調。
⓮ the U.N.: 国連（the United Nations）
⓯ rattle on: べらべら喋る

❶ went about our business, and then his interpreter would ❷take over. His interpreter said things like, “This is not your tropical playground.” He said things like, “The government of the United States will come to understand ❸the Cuban people’s right to self-determination.” He said things like, “The people will rise up and ❹crush the octopus of the north.”

“He means the Yankees, Ericksson,” Charley said.

Ericksson meanwhile ❺had that big Nordic brow all furrowed, ready to talk politics.

You could see Rafa thought ❻he was getting through. He ❼went off on a real rip, and when he finished the interpreter said only, “The poverty of the people in our Cuba is very bad.”

Ericksson ❽hunkered down and said, “And the people think ❾Batista’s the problem?”

“Lack of money’s the problem,” Charley said. The interpreter gave him the kind of look the hotel porter gives you when you

❶ went about our business: 通常どおり動いた、いつもどおりのことをやった
❷ take over: 引き継ぐ
❸ the ... right to self-determination: 民族自決の権利、自己決定権
❹ crush the octopus of the north: 「北のタコ」はもちろん帝国主義国家アメリカのことだが、次行でチャーリーはわざと曲解してヤンキースのことだと言っている（Yankee には「北部人」の意もあるのでそれなりにもっともらしい曲解）。
❺ had that big Nordic brow all furrowed: その大きな北欧系の額全体に皺を寄せた。Ericksson という名は明らかに北欧系。
❻ he was getting through <get through: 話が通じる、相手に届く
❼ went off on a real rip: 調子づいて猛烈に喋りまくった。go off: わめきだす、まくしたてはじめる。*He’s forever going off about his political beliefs.*（彼は自分の政治的信条について何かというとすぐにまくし立てる。『動詞を使いこ

つづけているとまずラファがべらべら喋りまくり、通訳が引き継ぐ。通訳が言う科白は、たとえば「ここはあなた方の熱帯の遊び場ではない」。たとえば「合衆国政府はキューバ国民の民族自決権を理解するに至るであろう」。たとえば「国民は立ち上がり、北の大ダコを踏みつぶすであろう」。

「ヤンキースのことだぜ、エリクソン」とチャーリーは言った。

一方エリクソンは広々とした北欧系の額一面に皺を刻んで、さあ政治の話をするぞと待ちかまえていた。

どうやらラファは、話がやっと通じてきたと思ったらしい。ここぞとばかりめいっぱい喋りまくり、ようやく話し終えると、通訳は「わがキューバ国民の貧困は大変深刻である」としか言わなかった。

エリクソンは身を乗り出し、「で、問題はバチスタだって国民は考えてるんだな？」と言った。

「問題はカネがないってことさ」とチャーリーは言った。通訳はチャーリーに、カバンを17個持って現われた客にホテルのポーターが向けるみたいな

なすための英和活用辞典』)

❽ hunker(ed) down: 腰を落とす、かがみ込む

❾ Batista's: Batista is. 次行の Lack of money's も同じ。

show up with seventeen bags. Charley ❶made a face back at him as if to say, Am I right or wrong?

"The poverty of the people is very bad," the interpreter said again. He was stubborn. He didn't have to tell us: on one road trip we saw a town, like ❷a used-car lot, of whole families, big families, living in abandoned cars. Somebody ❸had a cradle thing worked out for a baby in an ❹overturned fender.

"What do you want from us?" Charley asked.

"You are supporting the corrupt system," the interpreter said. Rafa hadn't spoken and started talking excitedly, probably asking what'd just been said.

Charley ❺took some cuts and snorted. "❻Guy's probably been changing everything Rafa wanted to say," he said.

We started joking that poor Rafa'd only been trying to talk about how to hit a curve. They both ❼gave up on us, and walked off. Ericksson followed them.

❶ made a face back at him: しかめ面をし返した
❷ a used-car lot: 中古車販売の展示場
❸ had a cradle thing worked out: 揺りかごのようなものを作り上げていた。work out:（計画・案などを）考え出す。*Don't worry, we'll work something out.*（心配するな、何か考えるから）*It sounds like you have it all worked out.*（段取りはすっかりできているみたいだね。『ロングマン英和辞典』）
❹ overturn(ed): ひっくり返す
❺ took some cuts and snorted: 何度か素振りをして、ふんと笑った
❻ Guy's: This guy has
❼ gave up on us: 俺たちに見切りをつけた

目を向けた。チャーリーも通訳を、だってそうじゃねえかよ、と言わんばかりに顔を歪めて睨み返した。

「国民の貧困は大変深刻である」と通訳はくり返した。強情な奴だ。そんなこと言われなくたってわかってる。遠征中に見かけたどっかの町なんか、町じゅう中古車売場みたいで、家族まるごと、大家族がみんな、廃車のなかで暮らしていた。ある家族はフェンダーをひっくり返したところに揺りカゴみたいなのをこさえて赤ん坊を寝かせていた。

「俺たちにどうしろってんだ？」とチャーリーが訊いた。

「あなた方は腐敗した体制を支持している」と通訳は言った。さっきからしばらく黙っていたラファがまた興奮して喋り出した。たぶん、おい何を話してるんだって訊いたんだと思う。

　チャーリーが何べんか素振りしてふんと鼻を鳴らし、「こいつきっと、ラファの話初めっから全部ねじ曲げてたんだぜ」と言った。

　ラファはただカーブの打ち方を話しあいたかっただけなんだよな、と俺たち冗談を言い出した。ラファも通訳もうんざりして立ち去った。エリクソンは二人について行った。

"❶Dag Hammarskjöld," Charley said, watching him go. When he saw my face he said, "I read the papers."

But this Castro guy set the tone for the other ballparks. The demonstrations continued more or less the same way (without the burrito) for the last two weeks of the season, and with three games left we ❷found ourselves with a two-game lead on Marianao, and ❸we finished the season guess where against guess who.

This was ❹a big deal to the fans because Marianao had no ❺imports, no Americans, on their team. Even though they had about seven guys with big-league talent, to the Cubans ❻this was David and Goliath stuff. Big America vs. Little Cuba, and our poor Rafa found himself playing for Big America.

So we lost the first two games, by ridiculous scores, scores like 18–5 and 16–1. The kind of scores where you're ❼playing out the string after the third inning. Marianao was ❽charged up

❶ Dag Hammarskjöld: ダグ・ハマーショルド（1905-61）はスウェーデンの政治家で、のちに国連事務総長（1953-61）を務めノーベル平和賞を受賞（1961）した。1951 年の時点ではスウェーデン内閣の無任所大臣で、国連総会のスウェーデン代表団副団長。

❷ found ourselves with a two-game lead on ...: ～に 2 ゲーム差のリードをつけていた。find oneself は第 1 巻 p. 192, l. 16 でも "I found myself in a cramped, untidy room" という形で出てきて、「気がつけば～だった、いつの間にか～していた」という意だが訳には出ないことも多い。すぐあと ll. 11-12 の our poor Rafa found himself playing for Big America. も同様。

❸ we finished the season guess where against guess who: guess 以下は「(シーズンを終えた 3 試合が) どこで行なわれどのチームが相手だったか当ててみな」といった意味。

❹ a big deal to ...: ～にとって非常に重大なこと

「ダグ・ハマーショルドだな、ありゃ」とチャーリーはエリクソンが歩いていくのを眺めながら言った。俺の顔を見て、チャーリーは言った。「俺だって新聞くらい読むさ」

とにかくこのカストロって奴が手本になって、ほかの球場でも似たようなことが起きるようになった。デモはだいたい同じような感じで（まあブリトーはもう飛んでこなかったけど）シーズン最後の二週間ずっとつづいた。一方、あと三試合を残すだけになったわがチームは2ゲーム差でマリアナオをリードしていた。そして最後の三連戦、どこでどのチーム相手に戦うことになったか、賢明なる読者はもうおわかりであろう。

これはファンにとっちゃすごく大きな意味がある。というのも、マリアナオには助っ人外人が一人もいない。アメリカ人が一人もいないのだ。チームにはメジャーでもやっていける人材が7人ばかりいるが、キューバ人にしてみりゃこれはダビデ対ゴリアテなのだ。リトル・キューバ対ビッグ・アメリカ。可哀相にラファは、意に反してビッグ・アメリカ側でプレーしてるわけだ。

かくして俺たちは、最初の二試合に連敗した。それも18対5とか16対1とかのボロ負けだ。3回を過ぎたあとはもう惰性でやってるだけって雰囲気

❺ import(s): 文字どおりには「輸入品」。

❻ this was David and Goliath stuff: これはダビデ対ゴリアテみたいな話だった。ダビデは旧約聖書に登場する、力ではとても敵わないと思われた巨人ゴリアテを倒した英雄。

❼ play(ing) out the string: ただおざなりにやる。play out the string は文字どおりには「紐をえんえんと繰り出す」だが、この比喩的な意味でスポーツに関しよく使われる。*While the Red Sox play out the string some performances are noteworthy, like Christian Vázquez getting his first career grand slam.*（レッドソックスはチームとしては消化試合だが、注目すべきプレーも――たとえば、クリスチャン・バスケスのプロ入り初の満塁本塁打）

❽ charged up: やる気満々で

and we weren't. Most of the Cuban guys on our team, ❶as you'd figure, were a little confused. ❷They were all trying — money was involved here — but the focus wasn't exactly there. In the first game we ❸came unraveled after Rafa dropped ❹a pop-up that ❺went seven thousand feet up into the sun, and in the second we were just wiped out by ❻a fat forty-five-year-old pitcher that people said when he had his control and some sleep the night before was unbeatable.

Castro and Batista were at both games. ❼During the seventh-inning stretch of the second game, ❽with Marianao now tied for first place, Castro ❾led the third-base side in a Spanish version of "Take Me Out to the Ball Game."

They ❿jeered us — Ericksson, Charley and me — every time we came up. And ⓫the more we let it get to us, the worse we did. Ericksson ⓬was pressing, I was pressing, Charley was pressing. So

❶ as you'd figure: まあおわかりだろうが
❷ They were all trying — money was involved here: みんな一生懸命やっていた──何しろ金が絡んでいるのだから
❸ came unraveled: 糸がほつれた、バラバラになった
❹ a pop-up: 凡フライ
❺ went seven thousand feet up into the sun: 7000フィートは約2100メートルで、むろん誇張。
❻ a fat forty-five-year-old pitcher that people said ...: a fat forty-five-year-old pitcher / that people said / when he had his control / and some sleep the night before / was unbeatable と切る。when he had his control は「コントロールが定まれば」。
❼ During the seventh-inning stretch: p. 120, l. 6 の during seventh-inning stretches と同じ。

のゲーム。マリアナオはすっかり勢いづいていて、こっちとはぜんぜん違う。無理もないが、俺たちのチームのキューバ人選手にはみんな少し迷いがあった。金だって絡んでるわけだし、もちろんみんな頑張ってはいたけど、いまひとつ気持ちが定まらないのだ。第一戦では晴れた上空2000メートル上がったポップフライをラファが落球したのをきっかけにガタガタになったし、第二戦では45歳のデブのピッチャーに苦もなくひねられた。みんなが言うにはこのピッチャー、コントロールさえ決まって前の晩ちゃんと寝ていれば、ちょっとやそっとじゃ打てないんだそうだ。

第一戦、第二戦とも、カストロもバチスタも来ていた。第二戦の、これにマリアナオが勝てば首位に並ぶという試合のラッキーセブンに、三塁側スタンドがカストロの号令下、「私を野球に連れてって」のスペイン語版を歌った。

俺たち——エリクソン、チャーリー、俺——が打席に立つたびに野次が飛んできた。野次にカッカすればするほど、俺たちのプレーはひどくなっていった。エリクソンは力み、チャーリーは力み、俺も力んだ。仲間同士、足を引っ

❽ with Marianao now tied for first place: マリアナオが（勝てば）首位で並ぶことになって

❾ led the third-base side in a Spanish version of "Take Me Out to the Ball Game": 三塁側の指揮を取って「私を野球に連れてって」のスペイン語版を歌った。この曲は大リーグのラッキーセブンで歌う定番。

❿ jeered us ... every time we came up: 俺たちが（打席に）出てくるたびに野次った

⓫ the more we let it get to us, the worse we did: 野次を気にすればするほどプレーはもっと悪くなった。get to ... で「～を滅入らせる、～にとってこたえる」。p. 152, ll. 5-6 の It got to us も同じ。

⓬ was pressing: 必死にやっているが焦ってもいる感じ。

we ❶let each other down. But ❷what made it worse was with every roar after one of our ❸strikeouts, with every stadium-shaking celebration after a ball went through our legs, we felt like we were letting America down, like ❹some poor guy on an infantry charge who can't even hold up the flag, dragging it along the ground. It got to us.

When Charley was ❺up, I could hear him talking to himself: ❻"The kid can still hit. ❼Ball was in on him, but he got that bat head out in front."

When I was up, I could hear the chatter from Charley: "❽Gotta have this one. This is where we need you, ❾big guy."

On Friday Charley ❿made the last out. On Saturday I did. On Saturday night we went to the local bar that seemed the safest and ⓫got paralyzed. Ericksson stayed home, resting up for ⓬the rubber match.

Our Cuban ⓭skipper had ⓮a clubhouse meeting before the

❶ let each other down: let ... down で「〜の期待を裏切る」。すぐあと ll. 3-4 の we felt like we were letting America down も同じ。
❷ what made it worse was with every roar ...: what made it worse was で切って、with every roar の前に that を補う。補った that 以下は、with every roar ... with every stadium-shaking celebration ... we felt like ...（歓声が起きるたび……球場を揺らす喝采が生じるたび……俺たちは〜という気分になった）という文構造。
❸ strikeout(s): 三振
❹ some poor guy on an infantry charge: 歩兵隊の突撃に加わっている奴。poor は否定的な響きを若干加えているだけで、この場合は「情けない」とでも訳せそうだが、訳には特に出さないことも多い。
❺ up: 打席に立って

ぱりあった。でも、もっと辛かったのは、俺たちが三振して喝采が起こったり、ゴロをトンネルして球場を揺るがす大歓声が湧いたりするたびに、何だか自分がアメリカを裏切ってるみたいな気になってしまうことだった。みんな突撃してるってのに、旗を掲げることもできずに、ズルズル地面に引きずってる情けない兵隊みたいな気分。これは堪(こた)える。

バッターボックスに立ったチャーリーが、ブツブツ独り言を言ってるのが聞こえた。「このバッター、まだまだ打てますよ。内角を鋭くえぐられてもヘッドをきれいに回して打ち返しましたからねえ」

俺が打席に立っても、チャーリーのさえずりが聞こえてきた。「ここはひとつ頼むぜ、よう。こうなりゃお前が頼りだからな」

金曜はチャーリーが最後のバッターになった。土曜は俺だった。土曜の夜、地元で一番安全そうな飲み屋に行って、浴びるほど飲んだ。エリクソンは家にいて、最終決戦に備えて英気を養った。

最終戦が始まる前、俺たちのチームのキューバ人監督はロッカールームで

❻ "The kid can still hit....": 解説者に賞賛されているところをチャーリーが妄想している。
❼ Ball was in on him, but he got that bat head out in front: 内角を突かれましたが、バットヘッドを巧みに前に出しました
❽ Gotta have this one: We've got to have this one. ここはモノにしなくちゃ
❾ big guy: 大将、あんちゃん
❿ made the last out: (打者として)最後にアウトになった
⓫ got paralyzed: 麻痺するまで(ぐでんぐでんになるまで)飲んだ
⓬ the rubber match: 三連戦、五連戦など奇数の連戦最後の、優劣を決する試合。
⓭ (a) skipper: 監督
⓮ a clubhouse meeting: ロッカールームでのミーティング

last game. It was hard to have ❶a clear-the-air meeting when some of the teammates didn't understand the language, and were half paralyzed with ❷hangovers besides, but they went on with it anyway, pointing at us every so often. I got the feeling ❸the suggestion was that the Americans be benched for the sake of morale.

❹To our Cuban skipper's credit, and ❺because he was more contrary than anything else, he ❻penciled us in.

❼Just to stick it in Marianao's ear, he penciled us into ❽the 1-2-3 spots in the order.

The game started around three in the afternoon. It was one of the worst hangovers I'd ever had. I walked out into the Cuban sun, ❾the first to carry the hopes of Cienfuegos and America to the plate, and ❿decided that as a punishment I'd been struck blind. The crowd chanted, "The Elephant passes slowly, but it squashes." I struck out, though I have only the umpire's ⓫say-so on that.

❶ a clear-the-air meeting: clear the air は「場の雰囲気を明るくする、緊張をほぐす」

❷ hangover(s): 二日酔い

❸ the suggestion was that the Americans be benched: アメリカ人たちはベンチに下げた方がいいという提案が出ていた。第 2 巻 p. 108, ll. 5-6, "They even suggested to the schoolteacher that he teach 'the boy genius' all the foreign words ..."でも述べたように、suggest, insist, demandなど要求・提唱を表わす動詞のあとの that 節では、このように動詞は原形（厳密には「仮定法現在」）になる。

❹ To our Cuban skipper's credit: to one's credit は非常によく使われるが、無理なく対応する日本語はない。「〜の名誉になるようなことだが」といった意味で、「さすがだが」「天晴れなことに」等々の訳語が当てられる。

❺ because he was more contrary than anything else: 何はともあれつむじ

ミーティングを開いた。気分一新を図ってミーティングしようにも、メンバーの何人かが言葉もわからず、しかもどうしようもない二日酔い抱えてるんじゃいまひとつやりにくかろうが、とにかくミーティングは進行し、みんなでしょっちゅう俺たちのこと指さしながらあれこれ話していた。どうやら、チームの士気のためにはアメリカ人どもを先発から外したほうがいいんじゃないかっていう相談らしかった。

だがこの監督、見上げたもので——まあとにかくへそ曲がりだってこともあるのだが——俺たちを先発に残した。

しかも、あちらの神経をとことん逆なでしてやろうというのか、一番から三番に俺たちを並べたのだ。

試合は午後3時ころはじまった。生まれてこのかた、あんなにひどい二日酔いだったことはない。俺はキューバの太陽の下に歩み出て、シエンフエゴスとアメリカの希望を託された最初のバッターとして打席に向かったが、どうやら何か天罰を喰らって視力を失ってしまったらしかった。観衆は呪文のように、「象の歩みはのろい、だが象は踏みつぶす」と唱えていた。俺は三振した。といってもアンパイアにそう言われたというだけで、俺としては確かなことは何も言えない。

曲がりの人だったので。この人にはいろいろな形容詞が当てはまるが、一番当てはまるのが contrary だということ。

❻ penciled us in: メンバー表に名前を書き込むイメージ。

❼ Just to stick it in Marianao's ear: ただそれをマリアナオの耳に突っ込むために＝マリアナオにあてつけようと

❽ the 1-2-3 spots in the order: 1、2、3番の打順

❾ the first to carry the hopes of Cienfuegos and America to the plate: 直訳は「シエンフエゴスとアメリカの希望をバッターボックスに運ぶ一番手（として）」

❿ decided that as a punishment I'd been struck blind: 罰があたって目が見えなくなったんだと思った。単に二日酔いで日の光がまぶしく感じられただけの話だろうが。decide はこのように、「決定する」というよりは「判断する」の意になることも多い。

⓫ say-so: 宣告、断定

Charley struck out too. Back on the bench he ❶squinted like someone looking into car headlights. "It was a good pitch," he said. "I mean it sounded like a good pitch. I didn't see it."

But Ericksson, ❷champion of clean living, ❸stroked one out. ❹It put the lid on some of the celebrating in the stands. We were ❺a little too hungover to go real crazy when he got back to the dugout, but I think he understood.

Everybody, in fact, was hitting but us. ❻A couple guys behind Ericksson including Rafa ❼put together some doubles, and we had a 3–0 lead which ❽stood up all the way to the bottom of the inning, ❾when Marianao ❿batted around and through its lineup and our starter and ⓫went into the top of the second leading 6–3.

Our guys kept hitting, and so did their guys. At the end of seven we'd gone through four pitchers and Marianao five, Charley and I were regaining use of our limbs, and the score was Cuba 11, ⓬Land of the Free 9. We ⓭got another run ⓮on a passed ball.

❶ squint(ed): 目を細くする
❷ champion of clean living: 清く正しい生活の擁護者
❸ stroked one out: ホームランを打った。stroked は名詞 stroke（打撃）から派生した動詞であり、同音異義語の stroke（撫でる）ではない。
❹ It put the lid on some of the celebrating in the stands: 直訳は「(相手側) スタンドの喝采の一部に蓋をした」。p. 90, ll. 9-10 の "someone ... told Tweener to put a lid on it"（黙れとトウィーナーに言った）と発想は同じ。
❺ a little too hungover to go real crazy: 大騒ぎするには二日酔いが若干ひどすぎた
❻ A couple guys: a couple of guys. 口語では of が落ちるのはごく普通。
❼ put together some doubles: (複数のバッターが) 続けて（少なくとも同じイニングに）二塁打を打った
❽ stood up all the way to the bottom of the inning: そのままずっと（all

チャーリーも三振した。ベンチに戻ってきたチャーリーは、車のヘッドライトを覗き込んでるみたいに目を細くすぼめていた。「いいボールだった」とチャーリーは言った。「ていうか、いいボールに聞こえた。見えなかったけど」

ところが次に、健康な生活の旗手エリクソンがホームランをかっ飛ばした。それでスタンドのお祭り騒ぎもいくらか気勢をそがれたみたいだった。俺とチャーリーはちょっとばかり二日酔いがひどすぎて、ホームインしたエリクソンがベンチに戻ってきても祝福にいまひとつ気合いが入らなかったけど、まあ奴もわかってくれたと思う。

どういうわけか、俺とチャーリー二人以外、誰もがガンガン打った。エリクソンのあともラファを含む何人かがツーベースを連打し、一回表が終わったときは3対0、ところがその裏マリアナオも打者一巡の猛反撃で俺たちの先発はあえなく降板し、一回終了時には6対3にひっくり返されていた。

シエンフエゴスは打ちまくり、マリアナオも打ちまくった。8回がはじまるころには、こっちのピッチャーは5人目、マリアナオも6人目になっていた。チャーリーも俺もやっと手足が動くようになってきていて、スコアは

the way）一回の裏が始まるまで続いた（stood up）

❾ when Marianao ...: ～ところが一回裏に至りマリアナオは……という感じ。

❿ batted around and through its lineup and our starter: bat around だけでも「一イニングに打者が一巡する」の意。through を強調して読むなら、打ちに打ってラインナップを通り抜け、俺たちの先発投手も通り抜けた（降板させた）ということ。

⓫ went into the top of the second leading 6–3: 6対3でリードして2回表に入った

⓬ Land of the Free: アメリカの別称。国歌 “The Star-Spangled Banner”（星条旗）のリフレインに “O'er the land of the free and the home of the brave”（自由の地、勇者の故郷に）という一節がある。

⓭ got another run: もう一点入った

⓮ on a passed ball:（相手の）パスボールで

❶ In the ninth we came up one run down with the sun setting in our eyes over the center-field fence and ❷yours truly leading off. The crowd was howling like something I'd never heard before. Castro had everybody up on the third-base side and pointing at me. Their arms moved together like they were working some kind of ❸hex. Marianao's pitcher — by now the sixth — was the forty-five-year-old fat guy who'd worked the day before. ❹The bags under his eyes were bigger than mine. He ❺snapped off three nasty curves, and I ❻beat one into the ground and ran down the first-base line ❼with the jeering following me the whole way.

❽ He broke one off on Charley, too, and Charley grounded to first. ❾The noise was solid, a wall. Everyone was waving Cuban flags.

I leaned close to Charley's ear in the dugout. "❿You gotta lay off those," I said.

"I never noticed anything wrong with my ability to ⓫pull the

❶ In the ninth we came up one run down: 1 点リードされて 9 回に入った
❷ yours truly leading off: この私めが先頭打者で。Yours truly は手紙の最後の署名の上に書く「敬具」のような挨拶だが、このようにおどけて自分のことを指して使ったりする。
❸ (a) hex: 呪い
❹ The bags under his eyes: 両目の下の隈
❺ snapped off three nasty curves: 厄介なカーブをビュンビュン 3 球投げた
❻ beat one into the ground: 球をグラウンドに叩きつけてゴロにした
❼ with the jeering following me the whole way: あざけりの声（jeering）が後ろからずっと追いかけてきて
❽ He broke one off on Charley, too: チャーリーに対してもそれを（a nasty curve を）投げた。break はカーブを投げることを言い、このあと p. 166, l.

キューバ11、自由の地9、それからシエンフエゴスがパスボールで1点追加して11対10。1点差で9回を迎えて、太陽はセンターフィールドの向こうに沈みかけて俺たちの目を射し、先頭打者としてバッターボックスに向かうはほかならぬこの俺であった。観衆の絶叫ときたら、あんなにすごいのは聞いたことない。カストロの合図で三塁側は総立ちになり、みんな俺を指さしている。呪いでもかけようとしてるみたいに、全員揃って腕を振っている。マリアナオ6人目のピッチャーは前日投げた45歳のデブで、目の下には俺のよりでっかい隈(くま)が出来ている。3球つづけて嫌らしいカーブを投げてきて、俺は3球目を打ってボテボテのゴロ、あざけりを浴びながら空しく一塁ベースに向かって走った。

チャーリーもカーブ攻めに遭い、ファーストゴロに打ちとられた。ごうごうたる歓声たるや、もう手でさわれるくらいで、一個の壁という感じだ。誰もがキューバの国旗を振っていた。

俺はダッグアウトでチャーリーに耳打ちした。「お前、あの打ち方いい加減やめろって」

「俺としては、外角球を引っぱる自分の能力に疑問を持ったことはないね」

6にも出てくる。

❾ The noise was solid, a wall: 歓声はがっしりしていて、(まさに)壁だった。そもそも solid as a wall(壁のようにがっしりしている)という言い方がほとんど決まり文句。

❿ You gotta lay off those: ああいうのは(ああいう打ち方は)やめた方がいい。lay off ...:(不快・有害なことを)やめる。*I told him to lay off bullying you.*(君をいじめるのはやめるよう彼に言ったよ。『ロングマン英和辞典』)

⓫ pull the ball on an outside pitch: 外角の球を引っぱって打つ

ball on an outside pitch," he said.

"Then you're the only one in Cuba ❶who hasn't," I said.

But in the middle of ❷this local party with two strikes on him Ericksson hit his second ❸dinger, probably the first time he'd had two in a game ❹since Pony League. He ❺took his time on his home-run trot, ❻all slimmed-down two hundred sixty pounds of him, and at the end he ❼did a somersault and landed on home plate with both feet.

For the Marianao crowd it was like ❽the Marines had landed. When the ball left his bat the crowd noise ❾got higher and higher pitched and then just ❿stopped and strangled. You could hear Ericksson breathing hard as he came back to the bench. You could hear ⓫the pop of the umpire's new ball in the pitcher's glove.

"The Elephant passes slowly, but it squashes," Charley sang, from his end of the bench.

That sent us into ⓬extra innings, a lot of extra innings. It got

❶ who hasn't: who hasn't noticed

❷ this local party: 歓声乱れ飛ぶ試合を、地元のパーティに見立てている。語り手とチャーリーの諍いを指しているかとも思えるが、著者に確認したところそうではないとのこと。

❸ (a) dinger: ホームラン

❹ since Pony League: ポニーリーグはリトルリーグより上の 13-14 歳児の少年野球リーグ。

❺ took his time on his home-run trot: ゆっくり時間をかけてベースを一周した。home-run trot はホームランを打った打者がベースを周るさまを表わす定型句。

❻ all slimmed-down two hundred sixty pounds of him: すっかりスリムになった 260 ポンド（約 118 キロ）の彼が。*Right then is when Trev*

とチャーリーは言った。

「キューバじゅう疑問持ってない奴はお前だけだと思うけどね」と俺は言った。

ところがこの騒ぎの只中、ツーストライク後にエリクソンがこの試合2本目のホームランをスタンドに叩き込んだ。一試合2ホーマーなんて、たぶん奴もポニーリーグ以来だろう。120キロにスリムダウンした体でゆうゆうとベースを一周し、ホームイン前にとんぼ返りまでやってみせ、両足ですとんとホームベースに着地した。

マリアナオ側のファンにとっては、アメリカの海兵隊が上陸してきたみたいなものだ。ボールがエリクソンのバットを離れたときも、悲鳴のピッチはどんどん高くなっていき、やがてぴたっと止まって、そのままとだえた。ベンチに戻ってくるエリクソンの荒い息まで聞えるくらいだった。アンパイアがピッチャーに投げた新しいボールが、グラブにぽんと収まる音も聞こえた。

「象の歩みはのろい、だが象は踏みつぶす」とチャーリーはベンチの隅っこで歌った。

これで延長戦に入り、試合はえんえん続いた。日はとっぷり暮れた。両チー

comes padding into the den, all six feet of him, plaid pajama bottoms dragging on the floor and T-shirt full of holes. (ちょうどそこで、トレヴが小部屋にのそのそと入ってくる。背丈はしっかり180センチ、チェックのパジャマズボンの裾をひきずりTシャツは穴だらけ。Nathan Englander, “What We Talk About When We Talk About Anne Frank”)

❼ did a somersault: とんぼ返りをした

❽ the Marines:(アメリカ軍の)海兵隊。しばしばアメリカの海外侵攻に使われた。

❾ got higher and higher pitched: どんどん甲高く(high-pitched)なって

❿ stopped and strangled: 直訳は「止まって、窒息した」。

⓫ the pop: ポンという音

⓬ extra inning(s): 延長戦

dark. Nobody scored. Charley ❶struck out with the bases loaded in the sixteenth, and when he came back to the bench someone had poured beer on the dugout roof and it was dripping through onto his head. He ❷sat there under it. He said, "❸I deserve it," and I said, "Yes, you do."

The Marianao skipper ❹overmanaged and ran out of pitchers. He had an outfielder come in and ❺fling a few, and the poor guy ❻walked our eighth and ninth hitters ❼with pitches in the dirt, off the backstop, into the seats. I was up. There was a conference on the mound that included some fans and ❽a vendor. Then there was a roar, and I followed everyone's eyes and ❾saw Castro up and moving through the seats to the field. Someone threw him a glove.

He crossed to the mound, and the Marianao skipper watched him come and then handed him the ball when he got there ❿like his relief ace had just come in from the pen. Castro took the

❶ struck out with the bases loaded: 満塁のチャンスに三振した
❷ sat there under it: ビールが垂れてくる下で（逃げもせずに）座っていた
❸ I deserve it: 自業自得だ
❹ overmanaged and ran out of pitchers: 監督の仕事をしすぎて（＝選手を替えすぎて）ピッチャーがいなくなってしまった
❺ fling a few: 何球か投げる
❻ walked our eighth and ninth hitters: 八番、九番の打者を歩かせた
❼ with pitches in the dirt, off the backstop, into the seats: （しかも）ワンバウンドやら、バックネットに跳ね返るやら、客席に飛び込むやら（といったひどい暴投ばかりで）
❽ a vendor: （球場の）売り子
❾ saw Castro up and moving: カストロがパッと立ち上がって動き出すのが見

ム1点も入らない。16回の表、チャーリーは満塁のチャンスに三振に倒れ、ベンチに戻ってくるときに誰かがダッグアウトの屋根にビールをぶちまけ、すきまからチャーリーの頭に降ってきた。チャーリーはそのまま動かなかった。「当然の報いさ」とチャーリーは言い、「ああそのとおりだ」と俺は言った。

マリアナオの監督はピッチャーを変えすぎて、とうとうリリーフがいなくなってしまった。仕方なく外野手に即席で投げさせたが、8番9番を相手にワンバウンドだのバックネット直撃だの客席に飛び込むだの、結局連続フォアボール、そして次は俺の打順だった。マウンドで協議が行なわれ、観客数人と売り子一名も加わった。やがて大歓声が湧きあがり、みんなの視線をたどってみると、カストロが立ち上がってスタンドを降り、グラウンドに向かっている。誰かが奴にグラブを投げてよこした。

グラウンドを横切ってマウンドに向かうカストロを、マリアナオの監督はじっと見つめ、目の前まで来ると、まるっきりリリーフエースがブルペンから出てきたみたいにカストロにボールを手渡した。カストロはさっきまで投

えた。up and running といえばシステムなどが「快調に動いている」の意で、それに近い用法と思えるが、この up はやはり文字どおり「立ち上がる」という響き。

⑩ like his relief ace had just come in from the pen: リリーフの切り札がブルペン（the pen）からやって来たみたいに

outfielder's hat for himself, but ❶that was about it for a uniform. The tails of his pleated shirt hung out. His pants looked like ❷Rudolph Valentino's. He was wearing dress shoes.

I turned to ❸the ump. "❹Is this an exhibition at this point?" I said. He ❺said something in Spanish that I assumed was "You're in ❻a world of trouble now."

The crowd, which ❼had screamed itself out hours ago, ❽got its second wind. ❾Hurricanes, dust devils, sandstorms in the Sahara —I don't know what the sound was like. When you opened your mouth ❿it came and took your words away.

I looked over at Batista, who ⓫was sitting on his hands. How long was this guy going to ⓬last if he ⓭couldn't even police the national pastime?

Castro ⓮toed the rubber, worked the ball in his hand, and stared at me like he hated ⓯everyone I'd ever been associated with.

❶ that was about it for a uniform: ユニホームと言えるのはそのくらい（借りた帽子だけ）だった。That's it. で「それだけだ」「それでおしまい」の意（非常によく使う）。

❷ Rudolph Valentino('s): バレンチノ（1895-1926）は無声映画時代の大スターで、当時すでに「往年の」スターという感じだったはず。

❸ the ump: the umpire

❹ Is this an exhibition at this point?: 今からエキシビションゲームなのか？

❺ said something in Spanish that I assumed was ...: たぶん〜という意味に思える何かをスペイン語で言った。said something / in Spanish / that I assumed / was と切る。

❻ a world of trouble: とんでもないトラブル。*It makes a world of difference to us.*（それは我々には大違いだ。『コンパスローズ英和辞典』）

❼ had screamed itself out hours ago: 叫びすぎて何時間も前に声がかれていた

げていた外野手から帽子を借りたが、あとは格好もそのままで、プリーツ付きのシャツの裾は垂れていて、ズボンはルドルフ・バレンチノふうで、靴なんかドレスシューズだった。

俺はアンパイアの方を向いて、「これ、オープン戦に切り替えなの？」と訊いてみた。アンパイアはスペイン語で何か答えたが、たぶん「あんた、ものすごく厄介なことになったよ」とか何とか言ったんだと思う。

もうずっと前に声をからしてしまったかと思った観客が、また元気を取り戻す。ハリケーン、塵旋風（ダストデビル）、サハラ砂漠の砂嵐——どう言ったらいいかわからん。自分の口を開けると、ものすごい怒声が飛び込んできて、口から言葉を奪っていった。

バチスタの方を見てみると、両手を足の下に入れてじっと座っている。国民的娯楽も管理できないようじゃ、いったいこいつ、あとどれだけ持つ？

カストロはピッチャーズプレートをつま先でとんとん叩き、ボールを手でこね回して、俺とつながりのある人間はみんな憎いって顔でこっちを睨みつけた。

❽ got its second wind: また元気を取り戻した
❾ Hurricanes, dust devils, sandstorms in the Sahara: ハリケーンと言おうか、塵旋風（じんせんぷう）か、はたまたサハラ砂漠の砂嵐か
❿ it came and took your words away: 直訳は「それが（その砂嵐みたいのが）やって来てこっちの言葉を奪い去った」。
⓫ was sitting on his hands: 文字どおりそういう姿勢だったという意味でもあるが、sit on one's hands は「手をこまねいて傍観する、ただぼんやり見ている」という比喩的意味もあるフレーズ。
⓬ last: 持ちこたえる、続く
⓭ couldn't even police the national pastime: 国民的娯楽も取り締まれない
⓮ toed the rubber, worked the ball: ピッチャーズプレートを爪先でつつき、ボールをこねた
⓯ everyone I'd ever been associated with: 俺がこれまで関わった人間すべて

He was right-handed. He ❶fussed with his cap. He ❷had a windmill delivery. ❸I figured, Let him have his fun, and he ❹wound up and cut loose with a fastball behind my head.

The crowd reacted like he'd struck me out. I ❺got out of the dirt and ❻did the pro brush-off, taking time with all parts of my uniform. Then I ❼stood in again, and he ❽broke a pretty fair curve in by my knees, and ❾down I went again.

What was I supposed to do? ❿Take one for the team? Take one for the country? ⓫Get a hit, and never leave the stadium alive? He ⓬came back with his fastball high, and I thought, ⓭Enough of this, and ⓮tomahawked it foul. We glared at each other. He came back with a change-up — ⓯had this guy pitched somewhere, for somebody? — ⓰again way inside, and I thought, ⓱Forget it, and took it on the hip. The umpire ⓲waved me to first, and the crowd screamed about it like we were cheating.

❶ fussed with his cap: 帽子をいじくった

❷ had a windmill delivery:（風車のように腕を一回転させる、普通はソフトボールでやる）ウィンドミル投法（delivery）のしぐさをした

❸ I figured, Let him have his fun: まあ楽しくやらせてやろうじゃないか、と俺は思った

❹ wound up and cut loose with a fastball behind my head: ワインドアップして、直球を俺の頭のうしろに投げた。wound up は wind /wáɪnd/ up の過去形。cut loose は「解き放つ」「投げつける」。fastball は日本語でいう「ストレート」。

❺ got out of the dirt:（ボールをよけて倒れたので）地面から立ち上がった

❻ did the pro brush-off: プロらしいしぐさで埃を払った

❼ stood in:（打席で）構えた

❽ broke a pretty fair curve in by my knees: なかなかいいカーブを膝すれすれに投げてきた。break は p. 158, l. 11 の "He broke one off on Charley, too." と同じ。

カストロは右投げだ。帽子をかぶり直し、腕をぐるぐる回す。まあせいぜいデカい面してるがいい。と、奴がふりかぶって、速球を俺の頭のうしろに投げてきた。

まるで三振に打ちとったみたいに、観客は大喜びだった。俺は起き上がって、プロらしく悠然と、ユニフォームの隅々まで埃を払った。そしてふたたび打席に立つと、今度はなかなか切れのいいカーブが膝もとに飛んできて、俺はまたも転倒した。

いったいどうすりゃいい？　わざと当たって出塁するか？　チームのため、祖国のために？　見事ヒットを打って、生きて球場から出ずに一生を終えるか？　今度は高目の直球が来て、ええいもう沢山だと俺は開き直り、トマホークみたいに大根切りでファウル。カストロと俺は睨みあう。と、今度はチェンジアップ——おい、こいつどっかのチームでプレーしてたのか？——今度も内角深くに入ってくる、こうなりゃ知るかとそいつを腰で受けた。アンパイアは手で合図して俺を一塁に送り出し、観客はまるでこっちがインチキでもしたみたいに金切り声を上げた。

❾ down I went: I went down
❿ Take one for the team?: チームのために（あえてよけずに）デッドボールを喰らうか？
⓫ Get a hit, and never leave the stadium alive?: ヒットでも打とうものならカストロの支持者たちに殺されかねないと思っている。
⓬ came back with his fastball high: 次に高めの速球を投げてきた
⓭ Enough of this: もうたくさんだ
⓮ tomahawked it foul: トマホークみたいにバットを振ってファウルにした
⓯ had this guy pitched somewhere, for somebody?: カストロがチェンジアップなどを投げてきたので、プロ経験があるのかと驚いている。for somebody は「どっかのチームで」という感じ。
⓰ again way inside: またうんと内角に
⓱ Forget it: もういいや、構うもんか
⓲ waved me to first:（デッドボールで）一塁へ行けと俺に手で示した

I stood on first. ❶The bases were now loaded for Charley. You could see the Marianao skipper ❷wanted Castro off the mound, but what could he do?

❸Charley steps to the plate, and it's like the fans had been ❹holding back on the real noisemaking up to this point. There are trumpets, cowbells, police whistles, sirens, and the ❺godawful noise of someone by ❻the foul pole banging two frying pans together. ❼The attention seems to unnerve Charley. I'm ❽trying to give him the old thumbs-up from first, but ❾he's locked in on Castro, frozen in his stance. The end of his bat's making little circles in the air. Castro ❿gave it the old windmill and whipped a curve past his chin. Charley ⓫bailed out and stood in again. The next pitch was a curve, too, which ⓬fooled him completely. He'd been waiting on the fastball. He started to swing, ⓭realized it was a curve breaking in on him, and ⓮ducked away to save his life. The ball hit his bat anyway. It ⓯dribbled out toward Castro. Charley

❶ The bases were now loaded for Charley: 満塁でチャーリーの出番だった
❷ wanted Castro off the mound: カストロをマウンドから降ろしたがっていた
❸ Charley steps to the plate ...: ここで現在形に変わるのは臨場感を一段高める感じ。
❹ hold(ing) back on ...: 〜を抑える、控える。
❺ godawful: とんでもなくひどい
❻ the foul pole: 日本では単に「ポール」ということが多い。
❼ The attention seems to unnerve Charley: 直訳は「その注目が落ち着きを失わせるように見える」。
❽ trying to give him the old thumbs-up from first: 一塁から彼に向かって(「大丈夫さ」という)おなじみの親指ジェスチャーを送ろうとしている
❾ he's locked in on Castro, frozen in his stance: カストロに視線を定めて、

俺は一塁ベースに立った。これで満塁、バッターはチャーリー。マリアナオの監督はカストロを引っ込めたい様子だったが、もちろんそんなことできっこない。

チャーリーがバッターボックスに歩いていくと、スタンドの騒音たるや、いままで本番の音は出さずにとっときましたって感じで、トランペット、カウベル、ホイッスル、サイレンが鳴り響き、ポールぎわでは誰かがフライパン二つをシンバルみたいにバンバン叩いてそりゃもうひどい音を立てている。さすがのチャーリーもビビってきた様子で、俺は一塁から指を立てて激励のサインを送ろうとするが、奴の目はカストロに釘付け、体も打つ構えに入ったまま凍りついてる。バットの先っぽだけが、宙で小さく輪を描く。カストロはふたたび腕をぐるぐる回してふりかぶり、チャーリーのあご先にカーブを投げた。チャーリーは球をよけてバッターボックスを出て、また戻って、構え直した。次の球もカーブだったが、チャーリーの奴まるっきり読みが外れたのか、直球のタイミングでバットを振りはじめてからカーブが自分の方に飛んでくることに気づいてあわてて身を引いたのはいいがボールはよけたバットに当たってしまいコロコロと力なくカストロの方に転がって

構えたまま動かない
❿ gave it the old windmill and whipped a curve: さっきのように腕を振り回し、鋭くカーブを放った。it は特定の何かを指すわけではない。ここでは broke ではなく whipped を使っていて、ヒュッと勢いがある感じ。
⓫ bailed out and stood in again: うしろに下がり、再び構えた。bail out は膝が折れてホームベースから身を引く感じ。
⓬ fool(ed): ～の裏をかく
⓭ realized it was a curve breaking in on him: それが自分の方に曲がってくるカーブだと気づいた
⓮ ducked away to save his life: 命を守るために（= 命が危ないとばかりに）よけた
⓯ dribbled out:（勢いなく）転がっていった

❶gaped at it and then took off for first. I took off for second. The crowd shrieked. Ten thousand people, one shriek. ❷All Castro had to do was gun it to first and they were out of the inning. He threw it into right field.

❸Pandemonium. Our eighth and ninth hitters scored. The ball ❹skipped away from the right fielder. I kept running. ❺The catcher'd gone down to first to back up the throw. I ❻rounded third like Man o' War, Charley not far behind me, the fans spilling out onto the field and ❼coming at us ❽like a wave we were beating to shore. One kid's face was ❾a flash of spite under a Yankee hat, a woman with long scars on her neck was ❿grabbing for my arm. And there was Castro ⓫blocking the plate, dress shoes wide apart, ⓬Valentino pants crouched and ready, his face scared and full of hate like I was the entire North American continent ⓭bearing down on him.

❶ gaped at it and then took off for first: 茫然とそれを見て、それから一塁へダッシュした

❷ All Castro had to do was gun it to first and they were out of the inning: カストロがボールを一塁にすばやく投げ（gun it）さえすれば、それでイニングは終わりだった。*All you have to do is* [to] *click the link below.*（あとは下のリンクをクリックするだけ）

❸ Pandemonium: すさまじい騒ぎ。元々はジョン・ミルトンが *Paradise Lost*（1667）のなかで地獄の首都につけた名（名のなかに demon が入っている）。

❹ skipped away from the right fielder:（取り損ねた）右翼手から離れて転がっていった

❺ The catcher'd gone down to first to back up the throw: 捕手は返球をバックアップするために一塁に行っていた（ままだった）

❻ rounded third like Man o' War: マノウォーのごとく三塁を回った。マノウォー

いき、チャーリーは口をあんぐり開けてしばしそれを見ていたがやがて一塁めざして走り出し、俺も二塁めざして走り出す、観客は悲鳴を上げる、一万の悲鳴がひとつに合体している。あとはもうカストロがボールを一塁に送ればスリーアウトチェンジ。奴は何とライトに投げた。

地獄の阿鼻叫喚(あびきょうかん)。俺たちのチームの8番、9番がホームに駆け込む。ボールはまだ外野を転々としている。俺は走りつづけた。キャッチャーは一塁をバックアップしにいったまま戻ってこない。名馬マノウォーもかくやという快足を飛ばし俺は三塁ベースを回り、チャーリーも俺の背後そんなに離れちゃいない、観客がグラウンドになだれ込み俺とチャーリーに迫ってきて俺たちはその大波から逃れようと必死で陸をめざしている、ヤンキースの帽子をかぶった一人の小僧の顔には閃光のように悪意がきらめき、首に細長い傷がいくつもある女が俺の腕をつかもうと手を伸ばす。そしてカストロはホームベースに立ちはだかり、ドレスシューズの両足を大きく広げて、バレンチノズボンに包まれた腰を落として構え、怯えた顔には憎悪の念をみなぎらせていた——まるでこの俺が北米大陸全体であって、それが奴に向かってぐんぐん迫ってくるかのように。

は1919～20年に活躍した、アメリカ競馬史上最強と言われるサラブレッド。

❼ coming at us: 俺たちに襲いかかってきて

❽ like a wave we were beating to shore: beat a wave to shore で「波より先に海岸へ泳ぎ着く」。波のように押し寄せる群衆に追いつかれないよう必死に走る様子。

❾ a flash of spite under a Yankee hat: ヤンキースの帽子の下で光る悪意の閃光

❿ grab(bing) for ...: ～をひっつかもうとする

⓫ blocking the plate: ホームベースに立ちはだかって

⓬ Valentino pants crouched and ready: バレンチノ風ズボン（をはいた腰）を落として待ち受け

⓭ bear(ing) down on ...: ～にずんずん迫る。迫ってくるのが「脅威」に感じられるという含み。

ちなみに

冒頭で述べたとおり周到なリサーチを元に小説世界を組み立てるジム・シェパードだが、日本人読者にとりわけ興味深いのは、『ゴジラ』の緊張をはらんだ製作過程が緻密に描かれ、特撮監督円谷英二とその妻との屈折した関係もそこに盛り込まれている長めの短篇である。はじめ *Master of Miniatures* という題で単独の小冊子として刊行され(2010)、のち短篇集 *You Think That's Bad*(2011)に "Gojira, King of the Monsters" の題で収録された。現実の円谷とその妻マサノとの夫婦関係はそこまで屈折していなかったらしい。

Who's-Dead McCarthy

Kevin Barry

誰が死んだかマッカーシー

ケヴィン・バリー

ケヴィン・バリー
(Kevin Barry, 1969-)

1969年、アイルランドのリムリックに生まれ、欧米各地を放浪した末に、近年はアイルランドのスライゴーに定住。近未来の、テクノロジーが異様に貧しいアイルランドを描いたデビュー作 *City of Bohane*（2011）、ある島でジョン・レノンが過ごした数日間をたどる *Beatlebone*（2015）など、これまでに長篇3作を刊行している。耳のよさに定評があり、やはり3冊出している短篇集ではさまざまなボイスをあざやかに使い分けている。本作 'Who's-Dead McCarthy' は2020年1月1日、*The Irish Times* に掲載され、短篇集 *That Old Country Music*（2020）に収録された。

❶You'd see him coming on ❷O'Connell Street — the hanging jaws, ❸the woeful trudge, ❹the load. You'd cross the road to avoid him but he'd have ❺spotted you, and ❻he would draw you into him. ❼The wind would travel up Bedford Row from the Shannon to ❽take the skin off us and add emphasis to the misery. ❾The main drag was ❿the daily parade for his ⓫morbidity. Limerick, ⓬in the bone evil of its winter, and here came Con McCarthy, ⓭haunted-looking, ⓮in his enormous, suffering overcoat. The way he ⓯sidled in, with ⓰the long, pale face, and the hot, emotional eyes.

❶ You'd see him coming ...: I'd see him coming ... ではなく You'd ... にすることで、誰もがこの男を日々目にしていた印象が強まる。

❷ O'Connell Street:「オコンネル」はアイルランド独立運動の英雄 Daniel O'Connell（1775-1847）にちなみ、オコンネル・ストリートはアイルランド各地に存在する。まずはダブリンの目抜き通りが有名だが、この話は、読み進めていくうちに、ダブリンではなく作者の生まれ育ったリムリック（Limerick）の話であることがわかる。

❸ the woeful trudge: 悲しそうなとぼとぼ歩き。trudge は walk の数多い類義語の中でも、いかにも「とぼとぼ」という感じが伝わってくる語。

❹ the load:「その重荷」。何の重荷かはまだわからないが、先回りして言ってしまえば、死者を想うことの重荷。

❺ spot(ted): ～を目にとめる

❻ he would draw you into him: これまでは短縮形が使われていて目立たなかったが、この段落、動詞の部分にはすべて would が使われている。ただ一回起きた出来事ではなく、日々くり返し起きていたこと、という感じが伝わってくる。

❼ The wind would travel up Bedford Row from the Shannon ...: up は p. 64, l. 11 の "I'd better go up the street" について述べたように、坂をのぼるということではかならずしもない場合も多く、ゆるやかに「中心に向かう」というニュアンスだが、ここは川から吹いてくる風ということで、いくぶん「高さ的に上がってくる感」もある。Bedford Row はリムリックの大通りのひとつで、シャノン川の川べりから始まってまっすぐ東南に延びている。シャノン

オコンネル・ストリートを奴が歩いてくる。垂れたあご、悲しげな足どり、負った重荷。避けようとしてこっちが道の反対側に渡っても、向こうは目ざとく見つけて引っぱり込む。シャノン川からの風がベッドフォード・ローをのぼって来て、皮膚を剝がさんばかりに吹き荒れ、みじめな雰囲気を上乗せする。この大通りは、奴が日々己の病的傾向を見せつける晴れの舞台なのだ。冬のリムリックの骨身に染みる寒さのなか、コン・マッカーシーがやって来る、取り憑かれた顔、巨大でそれ自身苦悩しているみたいなオーバーを着て。にじり寄ってくる歩き方、馬面(うまづら)の青白い顔、感情のこもった熱い目。

川（the Shannon）はアイルランド最長の川で、リムリックから海に注ぐ。

❽ take the skin off us: 直訳は「僕たちから皮膚を剝いでいく」。いかにも風が冷たそうである。

❾ the main drag: the main street

❿ the daily parade: 日々見せびらかす場

⓫ morbidity: 病的な状態

⓬ in the bone evil of its winter: 少し大げさに訳せば「この街の冬の、骨にまでしみわたる悪の只中で」。要するにひどい寒さのこと。

⓭ haunted-looking: 何かに憑かれたように見える。a haunted house といえば「幽霊屋敷」。

⓮ in his enormous, suffering overcoat: むろん外套自体が苦しんでいる（suffering）わけではないが、あたかもそう見えるほど、外套を着ている人間の苦悩がにじみ出ているということ。

⓯ sidle(d) in:（横歩きで）にじり寄って入ってくる。sidled in とあるのは、ll. 3-4 の 'he would draw you *into* him' と同じで、いかにもこの有難くない人物が、こちらの領域内に侵入してくる感じ。

⓰ the long ... face: 普通 a long face といえば「浮かない顔」の意で、'pull a long face' といった形で使うが、ここでは文字どおり顔が「長い」ということ。p. 192, l. 3 でも 'The long, creased face' という形で出てくる。

'Did you hear who's dead?' he whispered.

Con McCarthy was our ❶connoisseur of death. He was its most ❷knowing expert, its ❸deftest elaborater. ❹There was no death too insignificant for his delectation. A 96-year-old ❺poor dear in ❻Thomondgate with the lungs ❼papery as moths' wings and ❽the maplines of the years cracking her lips as she ❾whispered her feeble last in the night — Con would have ❿word of it by the breakfast, and he would be up and down the street, his sad ⓫recital perfecting ⓬as he went.

'Elsie Sheedy?' ⓭he'd try. 'You must have known poor Elsie. With ⓮the skaw leg and the little sparrow's chin? I suppose she ⓯hadn't been out much this last while. She was a good age now ⓰but I mean Jesus, ⓱all the same, Elsie? Gone?'

His eyes might turn slowly upwards here, as though ⓲in trail of

❶ (a) connoisseur: マニア、くろうと

❷ knowing:「知識が豊富」というニュアンスの knowledgeable と違って、knowing は本質がわかっている（加えて、それをかならずしも明かしてくれない）というニュアンス。

❸ deftest elaborater: 直訳は「最も巧みな詳述者」。

❹ There was no death too insignificant for his delectation: 直訳は「無意味（insignificant）すぎて彼の快楽（delectation）にならないような死は存在しなかった」。

❺ poor dear: 軽い親しみの表現。

❻ Thomondgate: リムリック北部の地区。

❼ papery as moths' wings: 蛾の翅みたいに紙っぽい（ぺらぺらに薄い）

❽ the maplines of the years cracking her lips: 直訳は「年月の地図線が彼女の唇にひびを入れて」。mapline という英単語も「地図線」という日本語もどうやら存在しないようだが（前者は地図製作ソフトウェアの名前にはなっているが）、文脈から十分わかるので、訳す際も「等高線」といった「正しい」言葉に

「聞いたかい、誰が死んだか？」奴は声をひそめて言った。

　コン・マッカーシーは僕たちの町の、死の目利きだった。死を誰よりもよく知るエキスパート、誰よりも巧みに死を語る人物。彼が歓喜せぬほど無意味な死はひとつとしてない。ソモンドゲートに住む、96歳のお婆ちゃん、肺は蛾の翅(はね)並みにペラペラ、夜中に最期の弱々しい一言をささやくとともに年月の地図線がその唇にひびを入れ……朝食の時間にはもうコンはその知らせを携え、通りを行きつ戻りつするなかで悲しい語りは完璧の域に達していく。

「エルジー・シーディ？」と切り出す。「気の毒なエルジー、君も知ってるよな。片脚が悪くて、小さな雀みたいなあご？　ここしばらくはあんまり外に出てなかっただろうね。まあたしかにもう齢だったけど、だけどさ、やっぱりさ、エルジーが？　世を去った？」

　ここで目がゆっくり上を向いたりする。あたかも昇天するエルジーの動き

変える必要もないと思う。

❾ whispered her feeble last:「彼女の弱々しい最期の言葉をささやいた」。last はこの意味では breathe one's last（息を引き取る）という形で使うことが多い（やや文語的）。

❿ word: 知らせ、うわさ

⓫ recital: 語り

⓬ as he went: 進んでいくなかで

⓭ he'd try: 試すように、ためらいがちに話を切り出す感じ。

⓮ the skaw leg: 悪い脚。skaw は skew（歪んだ）に同じ。

⓯ hadn't been out much: あまり外出していなかった

⓰ but I mean Jesus: I mean だけでも「だけどさあ」の意で、それに Jesus が強調に加わっている。Jesus が mean の目的語なのではない。

⓱ all the same: それでもやはり

⓲ in trail of ...: 〜を追って

the ❶ascending Elsie.

'She'd have been at ❷the Stella Bingo often,' he'd ❸reminisce, ❹with the whites of the eyes showing. '❺Tuesdays and Thursdays. Until the leg ❻gave out altogether and ❼the balance went. She used to ❽get white-outs ❾coming over the bridge. At one time she ❿took the money for the tickets ⓫ below at ⓬ the roller disco. ⓭ Inside in the little cage. Of course that wasn't today nor yesterday.'

'Ah no, Con. No. I didn't know her.'

In truth, ⓮he might have no more than ⓯clapped eyes on the woman the ⓰odd time himself, but still he would ⓱retreat back into the folds of the overcoat, like ⓲a flower-head closing ⓳when the sun goes in, and he was genuinely moved by the old lady's ⓴passing.

Con McCarthy's city was disappearing all around him.

*

❶ ascend(ing): のぼっていく。the Ascension と言えばキリストの昇天を指すので、ascend にもいくぶん宗教的な響きがある。
❷ the Stella Bingo: ビンゴはイギリスやアイルランドでは、年長の人々の健全な娯楽。リムリックには事実 the Stella Bingo というビンゴ会場がある。
❸ reminisce: 思い出を語る
❹ with the whites of the eyes showing: まだ空を仰ぎながら語っているので、白目がよく見えるにちがいない。
❺ Tuesdays and Thursdays: the Stella Bingo のフェイスブックを見ると、事実毎週火曜と木曜の 8 時半からやっているようである。
❻ gave out <give out:（力が）尽きる
❼ the balance went: バランスが失われた、立っていられなくなった
❽ get white-outs:（白光にさらされて）目がくらむ
❾ coming over the bridge: while she was coming over the bridge
❿ took the money for the tickets: 切符売りをやっていた
⓫ below: アイルランドの俗語で、downtown（繁華街で）のこと。

をたどるかのように。

「ステラ・ビンゴによく来てただろうね」とコンは白目を見せながら回想する。「火曜と木曜。脚が完全に駄目になっちゃって、立てなくなるまで。橋を渡る最中によく目がくらんだよ。ひところは繁華街のローラーディスコで切符売りをやってた。小さなカゴの中に入ってね。もちろん今日昨日の話じゃないけど」

「あ、いや、コン。僕は知らなかったな、その人」

実は奴だって、その人のこと、たまさか見ただけかもしれないのだが、それでも体は、オーバーのひだひだのなかに、日が沈むときの花みたいに縮こまる。お婆さんが亡くなって、本当に心を動かされているのだ。

コン・マッカーシーの街は、彼の周りじゅうで消えつつあった。

*

⑫ the roller disco: ローラースケートを履きディスコミュージックに合わせて踊る場。

⑬ Inside in the little cage: Inside the little cage と言うのが普通。こういう細かい癖が人物の語りをリアルにしている。

⑭ he might have no more than ...: 彼も〜した以上のことはなかったかもしれない

⑮ clap(ped) eyes on: 〜を目にする

⑯ odd: ときどきの

⑰ retreat back into the folds of the overcoat: 外套のひだの中に引きこもる。いちいち動作が芝居がかっている印象。

⑱ a flower-head: 頭状花。ヒマワリあたりを思い浮かべればよい。

⑲ when the sun goes in: go in は普通、太陽や月が雲に隠れることを言うが、ここでは沈むこと。

⑳ passing: 逝去

He ❶had a special relish, it seemed to me, for the ❷slapstick death. He'd come ❸sauntering along at noon of day, now almost ❹jaunty with the sadness, the eyes wet and wide, and he'd ❺lean into you, and he might even have to place a palm to your shoulder to ❻steady himself ❼against the terrible excitement of it all.

'Can you believe it?' he said. '❽A stepladder?'

'❾Which was this, Con?'

'Did you not hear?'

'No, Con.'

'Did you not hear who's dead?'

'Who, Con? Who?'

'Charlie Small.'

'Ah, stop.'

'❿The way it happened,' he said, shaking his head against what was almost a grin. 'They hadn't painted the front room since 1987. Now it isn't me that's saying this, ⓫it's the man's wife is saying this, it's Betty is saying this. She could remember it was 1987 ⓬on account

❶ had a special relish [...] for ...: ～を格別楽しんだ。*I ate with great relish, enjoying every bite.*（私はすごく美味しく食べ、一口一口を楽しんだ。*Longman Dictionary of Contemporary English*）
❷ slapstick: ドタバタの
❸ saunter(ing): ゆったりと歩く
❹ jaunty: 快活な、溌剌（はつらつ）とした
❺ lean into you: 身を乗り出してくる。p. 174, ll. 3-4 の draw you into him, l. 9 の sidled in などと同じで、「有難くない侵入」の感触。p. 188, ll. 1-2 でも leaning into me one day outside the George Hotel という形で出てくる。
❻ steady himself: 体を支える
❼ against: ～に抗して
❽ A stepladder: 脚立

ドタバタ喜劇っぽい死を、コンはとりわけ味わっているように思えた。昼ごろにぶらぶらと、悲しみにほとんど浮きうきしているみたいにやって来て、目は潤んで見開かれ、ぐぐっと身を乗り出してきて、時には興奮のあまり、こっちの肩にてのひらを置いて体を支えないといけなかったりする。

「信じられるかい？」コンは言った。「脚立(きゃたつ)だぜ？」

「何の話だい、コン？」

「聞いてないのかい？」

「いいや、コン」

「聞いてないのかい、誰が死んだか？」

「誰だい、コン？　誰？」

「チャーリー・スモール」

「え、よせよ」

「それがさ」ほとんどニヤニヤ笑いを抑えようとして首を横に振りながらコンは言う。「表の部屋にさ、1987年以来ペンキ塗ってなかったんだ。俺がそう言ってんじゃないぜ、チャーリーの女房が、ベティが言ってるんだよ。1987年だって覚えてるのは、伯父さんのパディが50歳の誕生日で来てたか

❾ Which was this, Con?: which は what と違って選択肢が決まっている中で「どれ」と訊ねるのが普通だが、口語ではこのように、what と変わらない使い方もよく見られる。p. 192, l. 7 の ‘Which, Con?’ も同じ。

❿ The way it happened: どういうふうに起きたかというと……

⓫ it’s the man’s wife is saying this:「正しい」英語であれば wife のあとに that か who を補う。次の it’s Betty is saying this も同じ。

⓬ on account of: ～という理由で。ふたたび「正しい」英語であれば、このあとには「句」が来るべきだが（*I was late for work on account of an accident.*〔事故のせいで仕事に遅れた〕といったように）、ここでは ‘her uncle, Paddy, was home ...’ と節（主語＋動詞）が来ている。これも非標準的だが、口語をリアルに書き取った小説ではよく見かける。

of her uncle, Paddy, ❶was home for his fiftieth. He was ❷a fitter in ❸Earl's Court. ❹Since dead himself. ❺Drowned in his own fluids, apparently. Betty was ❻a Mullane from Weston originally. ❼They were never toppers in the lung department. Anyhow. Charlie Small says listen, it's gone beyond the thirty-year mark, we'll paint that ❽flippin' front room. Of course Betty's delighted. We'll ❾get a man in, she says. No, Charlie says, it's only a small room, I'll have it done before the dinner if I start after the nine in the mornin' news. Betty ❿strides out for ⓫a tin of paint. She comes back with ⓬a class of a peach tone. Lovely. ⓭Calming, that'll be, she thinks, not knowing, ⓮God love her, what's coming next, the stepladder being ⓯dragged out from under the stairs, Charlie climbing up to the top step of it, and the man ⓰ate alive ⓱from the inside out by ⓲type-2 diabetes and ⓳weakish, I suppose, on account of it ⓴and the next thing the dog's let in when it shouldn't be let in, and that little dog

❶ was home for his fiftieth: 50歳の誕生日を祝いに帰ってきていた
❷ a fitter: 組み立て工、修理工
❸ Earl's Court: ロンドン中央の、安ホテルが多いことで知られる地域。
❹ Since dead himself: He himself has been dead since then
❺ Drowned in his own fluids: 彼自身の体液で溺れ死んだ（日本語の「溺れる」と異なり drown は死ぬことを意味する）
❻ a Mullane from Weston: Weston はリムリックの南側にある地区。作者に訊ねたところ、Mullane という姓にも Weston という地名にも特別なニュアンス・裏の意味はないそうである。
❼ They were never toppers in the lung department: 直訳は「肺部門でトップだったことは一度もない」。
❽ flippin': より卑猥な〈四文字 +ing〉の婉曲表現。大して意味はない。
❾ get ... in:（医者・職人などを）家に呼ぶ
❿ stride(s) out: 威勢よく出かけていく

らなんだって。アールズ・コートで修理工やってたんだよ。もう亡くなったけど。どうやら自分の体液にまみれて死んだらしい。ベティは元々ウェストン出のムレーン家の人間でさ。肺に関してはみんな丈夫とは言いがたい家系だった。で、とにかくだ。チャーリー・スモールが言ったんだ、なあ、もう30年超えたぜ、さすがにこの部屋ペンキ塗らないとって。もちろんベティは大喜びだ。じゃあペンキ屋呼びましょうよって言ったら、チャーリーが、いいや、これくらいの部屋、俺が朝9時のニュースのあとに始めりゃ晩飯前には終わるって言ったんだ。で、ベティが意気揚々ペンキを買いに出かけて、桃色っぽいやつを買って帰ってくる。いい色だ。気分が落ちつく、とベティは思ってる、気の毒に、これから何が控えてるのかも知らないのさ。そうして脚立が階段の下から引っぱり出されて、チャーリーがてっぺんの段までのぼったんだけど、2型糖尿病に体じゅう蝕まれてて、そのせいで若干フラついてたと思うんだけど、そしたら今度は犬なんか入れてる場合じゃないのに部屋に犬入れちゃってさ、で、このチビ犬がやたら生意気で、前からずっとそうだったんだけど、部屋の中をぐるぐる走り回るわけさ、スパニエルの、

⓫ a tin: アメリカ英語なら a can。
⓬ a class: a kind
⓭ Calming:（見ていると）気持ちが落ち着く
⓮ God lover her:「ああ気の毒に」といったような意で、not knowing what's coming next の真ん中に挿入されている。
⓯ dragged out from under the stairs: 階段の下が収納スペースのようになっている。
⓰ ate alive: 蝕まれている。より標準的には eaten alive。
⓱ from the inside out: 隅から隅まで
⓲ type-2 diabetes: 2型糖尿病。インスリンの作用不足で起きる生活習慣病。糖尿病患者の95%以上が2型といわれる。
⓳ weakish: やや弱い
⓴ and the next thing ...: そうして次に〜

is ❶saucy now, she always has been, and she goes ❷harin' through the front room, ❸a spaniel breed, ❹unpredictable, and the tin of peach-coloured paint ❺is sent flying and Charlie ❻reaches out for it but the ladder's not set right and ❼wobbles ❽and next thing ❾he's over and off the back of it and ❿the neck is broke on the man.'

He shook his head with ⓫a blend that spoke curiously of tragic fate and happy awe.

'Dead on the floor before they got to him,' he said.

'Jesus Christ, Con.'

'⓬The day nor the hour,' he said, and he walked away happily into ⓭the persistent rain.

*

He had about forty different faces. He would arrange his face to match precisely ⓮the tang or timbre of the death described. For the death of a child Con McCarthy's ⓯woe was ⓰fathoms deep and painfully genuine. An early death in adulthood brought ⓱a species

❶ saucy: 生意気な
❷ harin' <hare: 疾走する
❸ a spaniel breed: スパニエル種
❹ unpredictable: 予想できない
❺ is sent flying: send ... flying で成句。「〜を投げ飛ばす」
❻ reaches out for it: それを取ろうとして手をのばす
❼ wobble(s): ぐらぐらする
❽ and next thing: 次の瞬間にはもう。p. 182, ll. 14-15 の and the next thing よりスピード感がある。
❾ he's over and off the back of it: 倒れて、脚立からうしろに落ちて
❿ the neck is broke on the man: この on は「〜の不利となるように」の意。*She hung up on me.*（彼女は〔失礼にも〕電話を切ってしまった。『新英和大辞典』）

どう動くかわかったもんじゃない奴で、それで、桃色のペンキの缶が宙にすっ飛ばされて、チャーリーが摑もうとしたんだけど脚立をちゃんと立ててないんでグラグラ揺れてアッと思ったらもう、うしろ向きに落っこちて首の骨が折れてたんだよ」

コンが首を横に振る姿には、悲痛な運命と、楽しい畏怖とが奇妙に共存していた。

「飛んでったときにはもう、床の上で死んでた」

「何てこった」

「その日その時を知る者なし」と聖書の文句を呟いて、降りしきる雨の中へコンは晴ればれと去っていった。

＊

コンは顔を40ぐらい持っていた。語られる死の風味、響きにぴったり合うよう調整するのだ。子供の死に対する悲しみは底知れず深く、痛ましく真摯だった。成人の夭折には一種抓ったような悲哀がこめかみのあたりに浮かび、偏頭痛持ちの嘆きの声がその伴奏だった。溺死の場合は、目を合わせる

⓫ a blend that spoke curiously of tragic fate and happy awe: 直訳は「奇妙にも『悲劇的運命』と『幸福な畏怖の念』とを物語っている混合物」。運命は死者に属し、畏怖はマッカーシーに属す。

⓬ The day nor the hour: 新約聖書マタイ伝25章13節、'Watch therefore, for ye know neither the day nor the hour wherein the Son of man cometh' (King James Bible,「されば目を覚しをれ、汝らは其の日その時を知らざるなり」日本聖書協会文語訳）から。

⓭ the persistent rain: 執拗に降る雨

⓮ the tang or timbre: 風味や音色

⓯ woe: 悲しみ

⓰ fathom(s): 尋。水深を測る単位で、1 fathom は6フィート＝1.83メートルだが、ここは要するに「すごく深い」ことが感じとれればよい。

⓱ a species of ...: a kind of ...

of ❶pinched grief about his temples, ❷a migraine's whine its music. He avoided eye contact if it was a drowning that had occurred — he ❸had an altogether dim view of the Shannon river as ❹an utter death magnet, and he was ❺all too often to be found down in ❻Poor Man's Kilkee, looking out over the water, wordlessly but his lips moving, as if ❼in silent consultation with the souls that hovered above the river, their roar at ❽the Curragower Falls.

*

His role as our messenger of death ❾along the length of O'Connell Street and back seemed to be of a tradition. Such a figure has perhaps always walked the long ❿plain mile of the street and spoken the necessary words, a ⓫grim but ⓬vital player in the life of a small city. But Con McCarthy's interest in death was wide-ranging, and it ⓭vaulted the city walls, so to speak, and stretched out to ⓮the world beyond to ⓯gorge intimately upon the deaths of strangers.

❶ pinched grief about his temples: 直訳は「こめかみあたりの、つねられ締めつけられた悲しみ」。

❷ a migraine's whine its music: 偏頭痛が上げる、情けない声をその伴奏音楽として。whineは犬の哀れっぽい鳴き声、人間が愚痴っぽく訴える声などに使う。

❸ had an altogether dim view of the Shannon river: have a dim view of ... で「〜を悲観的・批判的に見る」。

❹ a(n utter) death magnet: 死を磁石のように引き寄せるもの

❺ all too often: あまりにも頻繁に。よくないことに使う。

❻ Poor Man's Kilkee: Kilkee はリムリックから西へ 100 キロほど行った海辺のリゾート地だが、「貧乏人のキルキー」はリムリック地元、シャノン川のほとりの一地域。

❼ in silent consultation with ...: 〜と無言で相談して

❽ the Curragower Falls: シャノン川沿い、リムリックの街の北側にあるが、滝

のを避ける。シャノン川に関し、コンはきわめて暗い見方をしていて、完全な死の磁石として捉えていた。プアマンズ・キルキーに赴いて水を見やっている姿がしじゅう見受けられ、言葉は発さずとも唇は動いていて、あたかも川の上を漂う魂たちと――その怒号はカラガウワー滝で轟いている――無言の協議を行なっているかのようだった。

*

オコンネル・ストリートの端から端までを行き来する死のメッセンジャー。その役割はひとつの伝統のようだった。そういう人物がおそらくいつの世でも、1キロちょっとのパッとしない通りを歩き、必要な言葉を口にし、小さな都市の生活における陰気な、だが必須の役を演じてきたのではないか。とはいえ、コン・マッカーシーが死に対して寄せる関心はもっと広範囲に及んでいた。いわば市の壁を越え、彼方の世界にまで広がって、見知らぬ人たちのさまざまな死をも親密に貪っていた。

というより、流れが激しい、カヌーなどに格好の流域という感じ。

❾ along the length of O'Connell Street and back ...: along the length of ... だけでも「～の隅から隅まで」の意だが、それに and back が加わって、何度も行き来している印象が強まる。

❿ plain: 冴えない

⓫ grim: 陰鬱な。death という語と親和性が高く、死神はしばしば grim death と言い表わされる。

⓬ vital: 欠かせない

⓭ vaulted the city walls, so to speak: いわば街の壁も跳び越えた。「いわば」とあるのは、昔と違い、都市が文字どおり壁に囲まれているわけではないから。

⓮ the world beyond: 壁の向こうの世界

⓯ gorge intimately upon ...: 直訳は「～を親密に貪り食う」。

'❶Here's one for you,' he said, leaning into me one day outside the George Hotel. 'Man in Argentina, I believe it was. ❷Cattle farmer. ❸Impaled on his own bull. ❹And didn't the bull go mental after it and ❺charged in circles around the field ❻ninety mile an hour and the poor farmer still attached to the horns ❼with the life bled out of him. An hour and a half before a neighbour ❽was got over with a shotgun, ❾that long before they shot the bull and got ❿ the misfortunate corpse off the horns. Can you imagine it? The man's wife and children were watching, ⓫apparently. ⓬Roaring out of them. ⓭They'll never be right.'

Another day, creeping up behind me, with a light touch to my elbow, and then the lean-in, the soft whisper, and here was news of the famous dead . . .

'⓮Zsa Zsa Gabor,' he said. 'Gone. Though I suppose ⓯it was

❶ Here's one for you:「君のためにこういうのもある」というほど、「君のため」感は強くない。「こういうのもあるよ」という程度。
❷ Cattle:（家畜としての）牛
❸ Impale(d): 〜を突き刺す
❹ And didn't the bull go mental ...: go mental は「狂う、頭にくる」。「そして雄牛は狂わなかったか？」と形は疑問形だが、意味は「狂ったの何の！」。
❺ charge(d): 突進する
❻ ninety mile an hour: 単位を表わす語の複数の s が落ちてしまうのは、標準的ではないがよく見かける。p. 190, l. 4 の Five year も同様。
❼ with the life bled out of him: 出血し（bled）命が出ていってしまった状態で
❽ was got over: 呼ばれた。get ... over で「〜を来させる、行かせる」。「通例、あまり遠くないところに行く〔来る〕場合に使う」（『動詞を使いこなすための英和活用辞典』）。
❾ that long before they shot ...: it took them that long before ...（人々が〜するのにそれほど長く〔一時間半も〕かかった）ということ。

「こんなのもある」ある日ジョージ・ホテルの外でコンは、僕の方に身を乗り出してきた。「たしかアルゼンチンに住んでた男だったと思う。牧場を経営していた。自分が育ててた雄牛の角(つの)で刺し殺されたんだ。雄牛はその後もすさまじく荒れ狂って、農場をぐるぐる時速150キロで駆け回って、哀れ農場主は角に刺さったまま、だらだら血が流れて命が抜け出ていった。近所の人間が呼ばれてショットガンを持ってやって来るまで一時間半かかった。雄牛を撃って気の毒な死体を角から抜くまでにそれだけかかったんだよ。想像できるかい？　男の女房と子供たちはどうやら一部始終を見ていたらしい。その絶叫といったらなかった。もう二度と元に戻れないだろうね」

また別の日には、うしろから忍び寄ってきて、僕の肱にそっと触れ、例によって身を乗り出し、ヒソヒソ声で、有名人の死を伝える……

「ザ・ザ・ガボール。逝ってしまった。もう本人にとってはほとんど解放だっ

⑩ the misfortunate corpse: 不幸な死体。misfortunateは普通ならむろんunfortunateだが、一応この語も*Oxford English Dictionary*に載っている。マッカーシーの言葉の、いささか芝居がかったリアリティを作る細かい芸のひとつと見ればよい。

⑪ apparently: p. 110, ll. 6-7でも 'Ericksson ... apparently had a fan club'の形で出てきたが、「どうやら」であって「明らかに」ではない。

⑫ Roaring out of them: 彼らから出てくる絶叫（たるやすさまじかった）。アイルランド英語にはroaring crying（すさまじい泣き声）という言い方があり、それともつながる。

⑬ They'll never be right: 彼らの何かが損なわれてしまって、もう元どおりにはならないということ。

⑭ Zsa Zsa Gabor: ハンガリー出身の映画女優（1917-2016）。日本では「ザ・ザ・ガボール」と表記されるが、英語圏での発音は「ジャ・ジャ・ガボーア」に聞こえる。

⑮ it was nearly a release to the poor woman for a finish: 直訳は「その哀れな女性にとって、終わりとしては、ほとんど解放だった」。

nearly a release to the poor woman for a finish. Did you know she'd been five year ❶on life support?'

'That I did not know, Con.'

'Five year. Heart attack at the end of it. Sure the poor heart would be weak as a little bird's in the woman's chest at that stage. I believe it was ninety-nine years of age she was. ❷They're after plantin' her in a gold box outside in California. No woman ❸deserve it more. A former Miss Hungary.'

*

Had he been ❹exposed to death early, I wondered? ❺Was it that some ❻psychic wound had been opened ❼at first glance into the void? Whatever ❽the case, I believed that his condition was worsening. He began to ❾move out from actual occurrences of death to consider in advance the shapes it might yet assume. Walking down the street now ❿he was reading death into situations. He was seeing it everywhere. He had ⓫the realisation

❶ on life support: 生命維持装置につながれて
❷ They're after plantin' ...: アイルランド英語で be after ...ing は「〜したばかり」の意。*I'm after seeing him.*(たった今彼に会った。『リーダーズ英和辞典』)
❸ deserve: 〜される(する)のにふさわしい。標準的な英語ならむろん deserves。
❹ expose(d): 〜をさらす。たいていの場合 to ... (〜に) が伴う。
❺ Was it that ...?: 〜ということだったのだろうか
❻ psychic:「精神的な」の意だが、心の深いところ (psyche) に関わる、という響きがある。
❼ at first glance into the void: 空(くう)(the void) を一目見たときに
❽ the case: 実情
❾ move out ...: move out / from actual occurrences of death / to consider / in advance / the shapes it might yet assume と区切る。actu-

たろうけどね。知ってたかい、5年間ずっと生命維持装置つけてたんだぜ」

「それは知らなかったよ、コン」

「5年。おしまいは心臓発作だった。そりゃもうそこまで来たら、小鳥の心臓みたいに弱ってただろうよ。たしか99歳だったと思う。カリフォルニアの郊外に、金の棺に入れて埋めたんだって。まあ誰よりもその資格はあるわな。元ミス・ハンガリーで」

＊

彼は早いうちから死にさらされたのか？　虚無を初めて一目見たとき、何か心の傷がぱっくり開いたのか？　真相は何であれ、症状は悪化する一方のようだった。だんだんと、実際に起きた死から移行し、死がいずれどういう形を取るか、あらかじめ考えるようになったのだ。通りを歩いていても、その情景に死を読み込むようになった。いたるところに死を見ていた。実は誰もが得ている認識を得たわけだが、大半の人間は、それを——死はつねにすぐそばにいるという認識を——沈めておくだけの分別を持ち合わせている。

al occurrences of death: 実際に起きた死の実例。the shapes it might yet assume: それ（これから起きる死）が取りそうな形

❿ he was reading death into situations: read A in B といえばニュートラルに「B の中に A を読みとる」だが、read A into B というと「ありもしない A を読みとる」というニュアンスが加わる。*You're reading too much into it.*（それはあなたの勘ぐりすぎですよ。『コンパスローズ英和辞典』）

⓫ the realisation ...: the realisation / we all have / but that most of us are wise enough / to keep submerged と区切る。「誰もが得るけれども、たいていは賢明にも、沈めたままにしておくたぐいの認識」。その内容が、次の the knowledge that ... で説明される。

we all have but that most of us are wise enough to keep submerged — the knowledge that death always is ❶close by. ❷He'd stop to consider ❸a building site. He'd look up. The long, ❹creased face would ❺fold into a hopeless smile, and as you passed by, he'd lean in, the head slowly shaking.

'Are you not watching?' he said.

'Which, Con?'

'See that ❻scaffold above there? Are you not watching the wind on it? If that wind ❼gets up ❽at all, ❾the whole lot could ❿come down. A pole could go swingin'. ⓫Open your head and you walking down the road as quick as it'd look at you. And that would be an end to it.'

*

He ⓬walked the circuit of the three bridges every night. If you ⓭idled anywhere by the river ⓮of an evening ⓯you might take the slow rake of Con McCarthy's worried eye. He would try to have a

❶ close by: すぐそばに
❷ He'd stop to consider ...: 基本的なことを確認すると、stop to consider は「consider することをやめる」ではなく、「consider するために立ち止まる」「立ち止まって consider する」という意味。
❸ a building site: 建設用地
❹ creased: 皺の寄った
❺ fold into ...: 直訳は「折り畳まれて～になる」。
❻ (a) scaffold:（建築現場の）足場
❼ gets up:（風や嵐が）勢いを増す
❽ at all: 肯定文なので「少しでも」の意。
❾ the whole lot: 何もかも
❿ come down: 倒れる、崩壊する
⓫ Open your head and you walking down the road as quick as it'd look

コンは立ちどまって、建築現場を眺める。顔を上げる。細長い、皺の刻まれた顔がくしゃっとなって、望みなき笑みが浮かび、こっちが通りかかると、首を振りふり身を乗り出す。

「君、見てないのか？」

「何をだい、コン？」

「あそこの上の足場、見えるか？　風が吹きつけてるの、見てないのか？　あの風がちょっとでも強くなれば、丸ごと崩れちまいかねない。柱がぐいんと倒れるかもしれない。頭がぱっくり開いて一気にあの世行き、一巻の終わりさ」

＊

　コンは毎晩、三つの橋を回った。晩に川辺をぶらぶらする人を、コン・マッカーシーの心配げな目がしげしげと眺め回す。コンはその人物をじっくり読み解こうと努める。ある夜僕は、川向こうで彼にばったり会った。ベンチに

at you: このあたりはかなり勢いで喋っている感じ。Open your head はグインと倒れてくる（前文の go swingin'）柱が頭を割るということ。以下、and ... は次に何が起きるかではなく、まさにその瞬間を描写している。君は道を歩いていて（down には特に「坂道」の意味はない)、柱が君を見たとたん、バシン！……という感じ。

⓬ walked the circuit of ...: 〜を巡回した

⓭ idle(d): ぶらつく

⓮ of an evening: 夕方に、晩に。これはそれほど非標準的ではない。

⓯ you might take the slow rake of Con McCarthy's worried eye: 直訳は「コン・マッカーシーの心配げな目の、ゆっくりした熊手（rake）を受けたかもしれない」。rake は動詞として「穿鑿（せんさく）する」という意味にもなる。次の 'He would try to have a good read of you'（彼は君をじっくり解読しようとする）と合わせて読めばイメージがまとまるのでは。

good read of you. I met him one night on the far side of the river. He was on a bench, the water moving slowly past, the traffic ❶scant but ❷passing its few lights across the falling dark. ❸Maybe it was the September of the year. ❹That sense of turn and grim resolve about the days, the evenings.

'Did you not hear?' he said.

'Ah, which was this, Con?'

'Did you not hear who's dead?'

'Who, Con? Who?'

But this time he just grinned, as if he was ❺playing with me, and he ❻let the weak-tea smile play out loosely across the river a few moments.

'❼Ah, sure look,' he said. '❽We're all on the way out.'

'I know, Con. I know.'

'Isn't that the truth of it? For a finish?'

'Can I talk to you seriously, Con?'

❶ scant: わずかな
❷ passing its few lights across the falling dark: 数少ない車のヘッドライトが、暗くなりつつある街を照らして過ぎていく感じ。
❸ Maybe it was the September of the year: この前のセンテンスといい、単に Maybe it was September で済むのにやや冗長に言うこのセンテンスといい、語り手の気分がいくぶん叙情的になっているのが感じられる。
❹ That sense of turn and grim resolve ...: 文頭に There was を補って読んでもいい。turn は季節の「変わり目」というときによく用いる語。grim resolve は冬を（寒い、厳しい冬を）迎えようとしている街全体の「厳めしい覚悟」。それが昼にも夜にも（about the days, the evenings）漂っていた、ということ。
❺ play(ing) with ...: 〜をもてあそぶ
❻ let the weak-tea smile play out loosely across the river: 直訳は「薄いお

座るコンの前で、川はゆっくり流れ、通りかかる数少ない車は訪れつつある闇に乏しい光を走らせていた。その年の9月だっただろうか。季節の変わり目と、厳めしい決意の感覚が、昼にも晩にも漂っていた。
「聞いてないのか？」コンは言った。
「え、何のことだい、コン？」
「聞いてないのか、誰が死んだか？」
「誰だい、コン？　誰？」
　けれど今回コンは、僕をからかうみたいにニヤッと笑い、薄い紅茶みたいな笑みをしばし、ゆるっと川の水面に広げるだけだった。
「なあいいか、俺たちはみんないずれ出ていく」
「わかってるよ、コン。わかってる」
「真実はそういうことじゃないか？　最後は？」
「ちょっと真面目に話してもいいかい、コン？」

茶のような微笑が、川一面に、ゆるりと広がっていくに任せた」。
❼ Ah, sure look: おい、いいか。‘Hey, listen’ などとそんなに変わらない。
❽ We’re all on the way out: 俺たちはみんな出口に向かってる

'Hah?'

'Can I ask you something?'

'What?'

'Why are you so drawn to it? To death? Why are you always the first with the bad news? Do you not realise, Con, that people cross the road when they see you coming? ❶You put the hearts sideways in us. ❷Oh Jesus Christ, here he comes, we think, here comes ❸Who's-Dead McCarthy. Who has he put in the ground for us today?'

'I can't help it,' he said. 'I find it very . . . ❹impressive.'

'Impressive?'

'❺That there's no gainsaying it. That no one has the answer to it. That we all ❻have to face into the room with it ❼at the end of the day and ❽there's not one of us can make the report after.'

*

I became ❾morbidly fascinated by Con McCarthy. I asked around

❶ You put the hearts sideways in us: knock（または throw）... sideways でしばしば「～にショックを与える、～を仰天させる」の意になる。

❷ Oh Jesus Christ: わあ大変だ

❸ Who's-Dead McCarthy: 'Did you hear who's dead?' 'Did you not hear who's dead?' など、細かいところは変わっても、問いに who's dead が入るのは変わらないことからついた名。

❹ impressive: たいていの場合、「印象的」という訳語はまったく当たらない。もっと深い感銘を与える事柄について言う。*His performance was very impressive (for a teenager).*（彼の演奏は〔十代にしては〕非常に印象に残るものだった。『コンパスローズ英和辞典』）

❺ That there's no gainsaying it: それを否定する（gainsay）のは不可能だということが。There's no ...ing: ～しようはない

「は？」
「ちょっと訊いてもいいかい？」
「え？」
「君、何でそんなに惹かれるんだい？　死に？　何でいつも真っ先に悪い知らせ持ってくるんだ？　わからないのかいコン、君が歩いてくるとみんな道の反対側に渡るのが？　君が来ると僕ら、心臓がビクッと縮むんだよ。わっヤバい、あいつが来る、って僕ら思うんだよ、『誰が死んだかマッカーシー』が来る、って。今日はあいつ、誰を埋葬してきたんだろう？　って」
「やらずにいられないんだよ」コンは言った。「死ってすごく……荘厳だと思うんだ」
「荘厳？」
「否定しようがないってこと。誰も答えを持ってないってこと。最後はみんなそれを抱えて向きあわなくちゃいけなくて、あとで報告できる奴は一人もいない」

＊

僕はコン・マッカーシーに病的な魅惑を感じるようになっていった。街じゅ

❻ have to face into the room with it: 直訳は「それ（死）がいる部屋の中をしっかり見ないといけない」。
❼ at the end of the day: 成句で、通常は「結局、つまるところ」の意であり、「一日の終わりに」ではない。ここはもう少し時間的な要素も入って、「おしまいには」という感じ。
❽ there's not one of us can make the report after: 標準的な英語であれば us のあとに who か that が入る。after をこのように「あとで」の意に使うのは非標準的。later か after that が標準的。
❾ morbidly fascinated: 病的に魅了されて。p. 174, l. 6 で、マッカーシーをまず形容する言葉が his morbidity だった。

the town about him. I came to understand that he was in many ways a mysterious figure. Some said he came from ❶Hyde Road, others from Ballynanty. The city was ❷just about big enough to afford a measure of anonymity. You could be a great ❸familiar of O'Connell Street but ❹relatively unknown beyond the normal hours of the day and night. We might know ❺broadly of your ❻standing, your people and their ❼afflictions, but the view would be ❽fuzzy, the detail ❾blurred. ❿So it was with Con. He did not seem to ⓫hold down a job. (It was hard to imagine the ⓬workmates who could ⓭suffer him.) His ⓮occupation, plainly, was with the dead. It was difficult to ⓯age him. He was a man out of time somehow. The overcoat was vast and worn at all seasons and made him a figure from a ⓰Jack B. Yeats painting or an old Russian novel. There was something antique in his ⓱bearing. The rain that he drew down upon himself seemed to be an old, old

❶ Hyde Road ... Ballynanty: いずれもリムリックの地名。Hyde Road は街の南部に、Ballynanty は北部にある。
❷ just about big enough to afford a measure of anonymity: ちょうどある程度の無名性（anonymity）を許容する大きさの。もっと小さければ誰もが誰もを知っていて無名性はありえないし、逆に大都市であればたがいにまったく匿名の存在でしかないが、その中間だということ。
❸ (a) familiar: おなじみの存在
❹ relatively: 比較的
❺ broadly: 大ざっぱに
❻ standing: 身分、地位
❼ affliction(s): 苦悩、悲嘆
❽ fuzzy: はっきりしない
❾ blurred: ぼやけた

う彼のことを訊いて回った。彼が多くの面で謎の人物であることがわかった。奴はハイド・ロードの生まれだと言う者もいれば、いやバリナンティだと言う者もいた。リムリックという街は、誰もがちょうどある程度の無名性を持てる大きさだ。オコンネル・ストリートですっかり顔が広まっていても、まっとうな時間の外ではさほど知られていないということもありうる。誰かの地位、家族、抱えている問題なんかをみんなだいたいは知っていても、その見え方は曖昧で、細部はぼやけている。コンについてもそうだった。職が長続きするようには見えない（彼を許容できる同僚を想像するのは困難だ）。明らかに彼の仕事は、死者が相手なのだ。年齢も測りがたい。なぜか時から外れた人間なのである。オーバーは巨大で、すべての季節に着ていて、ジャック・B・イェーツの絵の中の人物、あるいは古いロシア小説の登場人物みたいだった。その佇（たたず）まいにはどこか古風なところがあった。彼がわが身に引き寄せ、降らせる雨はすごく、すごく昔の雨に思えた。ある夜ウィリアム・ス

❿ So it was with Con: コンについても同じだった。“*There's a crow on the roof.*” “*So there is.*”（「屋根にからすがとまっている」「本当だ」。『コンパスローズ英和辞典』）
⓫ hold down a job: 一つの仕事を（クビにもならず）続ける
⓬ workmate(s): 仕事仲間
⓭ suffer: 〜に耐える
⓮ (an) occupation: 務め、生業
⓯ age: 〜の年齢を測る
⓰ Jack B. Yeats: アイルランドの画家（1871-1957）で、国民的詩人 William Butler Yeats の弟。活躍したのは 20 世紀前半なので、だいぶ昔の人、という印象は否めない。
⓱ bearing: 態度、ふるまい

rain. One night on William Street, I spotted him sitting late and alone in the ❶Burgerland there over a paper cup of tea. That cup of tea was the saddest thing I ever saw. I sat in a few tables from him and watched carefully. As he sat alone his lips again moved and I have no doubt that it was ❷a litany of names he was ❸reciting, the names of the dead, but ❹just barely, just a whisper enough to hoist those names ❺that they might float above the lamps of the city.

*

And maybe he was truly the ❻sanest of us, I sometimes thought, on those nights in October when I could not sleep, and I ❼took to driving late around the streets and the bridges and the town, and I knew that ❽it was passing from me, and ❾how remarkable it was that we can ❿turn our minds from that which is inevitable — Con McCarthy could not turn from it. As cars came towards me ⓫at pace on ⓬the dual carriageway, sometimes ⓭for just the splinter of

❶ Burgerland: アイルランドにいち早く広まったファストフード・チェーン。
❷ a litany of ...: 名前などを長々と連ねたものについて言うが、ここでは、この語が元々持っていた宗教的なニュアンスが伴っている。
❸ reciting <recite: ～を唱える
❹ just barely, just a whisper enough to hoist ...: whisper だけでなく barely も enough につなげて読む。「～を持ち上げる（hoist）のにかろうじて十分な、ぎりぎりのささやき声」
❺ that they might float above ...: それら（の名）が～の上に浮かび上がるように。that ... may ～（…が～するように）は、現代では so ... can ～となるのが普通だが（p. 140, ll. 14-15, 'so he could kill the guy ...' など）、ここではこの段落全体のいくぶん荘厳な雰囲気に合わせて、古風な用法が選ばれている。
❻ sane(st): 正気の
❼ took to <take to ...: 習慣として～するようになる。p. 142, l. 12, 'Finally Rafa took to bringing an iterpreter'（註⓫）に同じ。

トリートに行くと、コンが夜遅く一人でバーガーランドにいて、紙コップの紅茶を前に座っているのを見かけた。その紅茶は、僕がそれまで目にした最高に悲しい眺めだった。僕はいくつか離れたテーブルに座って彼をじっくり観察した。一人で座っている彼の唇がいままた動いた。彼が一連の名前を唱えていたのだと僕は確信する。死者たちの名前を、ごく小さな声で、名前たちをかろうじて都市の灯（あかり）の上まで浮かばせるささやき声で。

＊

もしかしたら彼こそ、僕たちの中で一番正気なのかもしれない。眠れない10月の夜に僕は時おりそう思った。僕は夜遅くに車で街路、橋、町なかをさまようようになった。それが自分からすり抜けていくのが自分でもわかった。避けようのないものから僕たちは心をそらせてしまう。考えてみればすごいことだ。けれどコン・マッカーシーは目がそらせないのだ。中央分離帯で区切られた車道で、対向車がビュンビュンやって来るときなど、午前零時を回った時刻、ほんの一瞬のあいだ僕は、ぐいっと車線から外れて対向車の

❽ it was passing from me:「それが私から離れていきつつある」の「それ」は曖昧だが、ひとまず「生」と考えられる。
❾ how remarkable it was that we can turn ...:「なんとすごい（remarkable）ことか」という前半は段落全体に合わせて過去形になっているのに対し、that 以下は現在形なのは、語り手にとって人間全般の真理と思えることを語っているから。
❿ turn our minds from that which is inevitable: 避けようのないことから心をそらす。that which is ... は現代では what is ... と言うのが普通だが、前段落の荘厳な気分がまだ続いているため、この古風な言い方が相応しい。
⓫ at pace: 高速で
⓬ the dual carriageway: 中央分離帯のある高速道路
⓭ for just the splinter of a moment: 直訳は「ほんの一瞬の、そのまたかけらのあいだ」。

a moment there in ❶the small hours I wanted to ❷swerve and jolt into their lights and ❸bring the taste of it onto me, the taste of its metal on my lips. ❹Bring forward the news even if I could make no ❺subsequent report of it.

When Con McCarthy died ❻it was, of course, to a spectacular absence of fanfare — suddenly, unexpectedly, and ❼rating no more than a brief line in ❽the Chronicle 'Deaths' of a Tuesday ❾in November.

Almost laughing, almost glad, I went along O'Connell Street in the rain with it; ❿I leant in, I whispered; and softly like ⓫funeral doves I let my suffering eyes ascend . . .

'Did you hear at all?' I said. 'Did you not hear who's dead?'

❶ the small hours: 深夜。午前1時から4時ごろまで。時刻を表わす数が小さいことから。

❷ swerve and jolt: swerve は急に横にそれることを、jolt は上下に揺れて動くことを言い、前者は「グイッ」、後者は「ガクン」という音が聞こえる気がする。

❸ bring the taste of it onto me: それの味を僕の許にもたらす。it は p. 200, l. 12 の it was passing from me とは逆に、明らかに「死」。

❹ Bring forward: ～を繰り上げる

❺ subsequent: その後の

❻ it was ... to a spectacular absence of fanfare: 直訳は「そこには、ファンファーレの劇的な欠如が伴っていた」。この to は、音やメロディに関し「～に合わせて」の意。*The royal couple arrived to a fanfare of trumpets.*（王室カップルの到着を華やかなトランペットが迎えた。*Longman Dictionary of Contemporary English*）

光の中に飛び込んでその味を自分に引き寄せたい、その金属の味を唇で味わいたいと思った。自分ではあとで報告できなくとも、知らせを繰り上げて起こすのだ。

コン・マッカーシーが死んだとき、言うまでもなくそこにはファンファーレが圧倒的に欠けていた。突然、予想外に、11 月のある火曜、『クロニクル』紙の訃報欄に短い一行が載ったのみ。

ほとんど笑いながら、ほとんど嬉しい気分で、僕はその知らせを携え雨の中オコンネル・ストリートを歩いていった。身を乗り出し、小声でささやき、葬式の鳩みたいにそっと、苦悩する瞳を空に向ける……

「聞いたかい？」僕は言った。「聞いてないかい、誰が死んだか？」

❼ rating no more than a brief line: わずか一行にしか値せず。*The music festival rates a mention in the newspaper.*（その音楽祭は新聞に載せるだけの価値がある。『コンパスローズ英和辞典』）

❽ the Chronicle 'Deaths' of a Tuesday: Chronicle は 1768 年から続いている週刊新聞 *The Limerick Chronicle* のこと。2018 年までは事実、毎週火曜に刊行されていた。

❾ in November: この小説で言及されている月が September, October, November の順になっていることで、すべてが徐々に終わりに向かっている感覚が強められている。

❿ I leant in: マッカーシーの専売特許だったしぐさを語り手が引き継ぎ、こうして 'tradition'（p. 186, l. 10）は維持された。

⓫ funeral doves: 欧米では葬式や結婚式で鳩を放つ習慣があり、そのための鳩を供給する業者もいる。

ちなみに

ケヴィン・バリーのアイルランド英語による口語・会話の妙をさらに深く味わいたければ、最新作 *Night Boat to Tangier*（2019）が最適である。'Would you say there's any end in sight, Charlie? / I'd say you nearly have an answer to that question already, Maurice.'（どうだい、なんか終わり見えてきてるかい、チャーリー？／うーん、その問いへの答えは君、もうほぼ持ってるんじゃないのか、モーリス。）から始まる、中年男二人による、ユーモラスでもあり物哀しくもある対話満載の長篇。その対話のなかでは、f で始まる卑猥な言葉も不思議と穏やかに溶け込んでいる。

授業後の雑談

5本精読、お疲れさまです。第1・2巻同様、授業後の雑談です。

"Those Who Don't" が入っているサンドラ・シスネロスの連作短篇 *The House on Mango Street* は、面白くて、文章も平易で、そんなに長くなくて (Vintage Contemporaries 版で 110 ページ)、かつ特定のエスニシティについて学べるとあって、英語圏では高校などでの格好の教材となっています。その浸透度を思い知らされたのは、2020 年に友人の Ted Goossen が川上弘美の『このあたりの人たち』の英訳（*People from My Neighborhood*）を出したら、やはり子供の視点から、ひとつの共同体について書いている連作短篇ということで、多くの評者がシスネロス作品を引き合いに出したときです。『このあたりの人たち』の方が「幻想的ほら話」とでも言うべき色合いが強く、「このあたり」がどこにあるかもいわば神話的な曖昧さに包まれていて、そのへんは *The House on Mango Street* とは全然違うので、最初そういう比較を見たときには驚きましたが、言われてみればたしかに通じるもところも大いにありそうです。まあとにかくどちらもいい本です。

「口語を聴く」というテーマでマーク・トウェイン作品を選ぶとすれば、それこそ名作長篇 *Adventures of Huckleberry Finn* のように登場人物が喋りまくる短篇にする手もあるでしょうが（たとえば出世作の "Jim Smiley and His Jumping Frog"）、書き言葉にさえ口語的な活きのよさが浸透しているところがマーク・トウェインの魅力だと思うので、*Huck Finn* などと同じく一人称の語りとはいえもう少し「書かれた文章」という要素の

強い “How I Edited an Agricultural Newspaper Once” を選びました。トウェインの短篇ならほとんどすべて口語が聞こえてきますが、個人的には特に “Jim Smiley and His Jumping Frog”(“The Celebrated Jumping Frog of Calaveras County” とも), “How to Cure a Cold,” “Fenimore Cooper's Literary Offences,” “How to Tell a Story” などが好みです。シリアスなところでは “A True Story, Repeated Word for Word as I Heard It,” “The War Prayer” も。著作権はないので、テクストはどれもオンラインで読めます。

英語はそもそも日本語に較べて、年齢階級性差を問わず同じ言葉を使う度合いが高いと言っていいと思いますが（たとえば自分のことは99.9%が “I” と言う）、ヘミングウェイの “The Killers” は、みんなが「英語基本単語集 1500」みたいな語彙にほぼ限定して喋るなかで一人ひとりのキャラクターがごく自然に浮かび上がる。そこは本当に見事だと思います。英語も易しくて中身もしっかりある短篇を求めるなら、やはり何といってもこの書き手です。1925 年に出た *In Our Time* は、アメリカ文学史上もっとも重要な短篇集かもしれません。

ジム・シェパードは、作品一つひとつからトーンも語彙も全然違う声が聞こえてきます。本書で取り上げた “Batting Against Castro” のような抱腹絶倒のドタバタは、決してシェパードの典型的作品ではないのですが、ではどういう作品が典型かというと、それも決めがたい。「ジム・シェパードの声」はどこにもないところがすごいです。

ちなみに野球を扱った面白い短篇小説というと、まず思い浮かぶのが、小人をフィーチャーした James Thurber の “You Could Look It Up” (1941) です。幸い The Library of America がオンラインで全文を提供してくれています : https://storyoftheweek.loa.org/2010/09/you-could-look-it-up.html

さらにちなみに言えば、現実が虚構を後追いするかのように、1951 年、低迷するセントルイス・ブラウンズは身長 109cm のエディ・ゲーデル（Eddie Gaedel）を起用し、ゲーデルは一試合に出場してストレートのフォアボールを選び大喝采を浴びましたが、翌日アメリカン・リーグの会長ウィル・ハリッジ（Will Harridge）は野球への冒瀆だとして彼の契約を無効にしました。

僕は長年、サーバーはこのエディ・ゲーデルをモデルにして "You Could Look It Up" を書いたのだと思い込んでいました。たぶんそう思っている人はほかにも大勢いると思います。

現代の野球小説では Stuart Dybek, "The Death of the Right Fielder" (*The Coast of Chicago* 所収)、Ethan Canin, "The Accountant" (*The Palace Thief* 所収) なども忘れがたく、また第 6 巻「ユーモアを味わう」は Steven Millhauser の異色超短篇 "Home Run" を取り上げる予定です。

ケヴィン・バリーについて個人的なことを書かせてもらうと、2018 年に彼がヨーロッパ文芸フェスティバルに招かれて来日したとき、一緒にイベントをやれと直前に言われたので、アイルランド作家フラン・オブライエン（Flann O'Brien）の怪作長篇 *The Third Policeman*（執筆 1939–40）の名場面を訳していき、これを二か国語で朗読しよう、と提案しました。出演 10 分前に初めて顔を合わせ、練習する時間もありませんでしたが、一文一文交互に超スピードで読んだらこれがバッチリうまく行き、「この芸で各地を回ろう！」とケヴィンも言ってくれました。彼は話も非常に面白く、ほとんど過剰なドタバタ的エネルギーを抱えている部分と、書くことを非常にシリアスに考える部分とが見事に両立している作家だと思いました。

2021 年 7 月

柴田元幸

編訳註者

柴田元幸（しばた もとゆき）

翻訳家、東京大学名誉教授。東京都生まれ。ポール・オースター、レベッカ・ブラウン、スティーヴン・ミルハウザー、スチュアート・ダイベック、スティーヴ・エリクソンなど、現代アメリカ文学を数多く翻訳。2010年、トマス・ピンチョン『メイスン&ディクスン』（新潮社）で日本翻訳文化賞を受賞。翻訳に、『ハックルベリー・フィンの冒けん』（研究社）、ジョゼフ・コンラッド『ロード・ジム』（河出文庫）、エリック・マコーマック『雲』（東京創元社）、スティーヴン・ミルハウザー『ホーム・ラン』（白水社）、マシュー・シャープ『戦時の愛』（スイッチパブリッシング）など多数。編訳書に、『「ハックルベリー・フィンの冒けん」をめぐる冒けん』、レアード・ハント『英文創作教室　Writing Your Own Stories』（研究社）など。文芸誌『MONKEY』、および英語文芸誌 MONKEY 責任編集。2017年、早稲田大学坪内逍遙大賞を受賞。

編集協力

高橋由香理・滝野沢友理・福間恵・今井亮一・青木比登美

Ted Goossen

組版・レイアウト

古正佳緒里・山本太平

社内協力

三谷裕・高見沢紀子・三島知子・鈴木美和・松本千晶・星野龍

英文精読教室

第3巻

口語を聴く

● 2021年8月31日　初版発行 ●

● 編訳註者 ●

柴田元幸

発行者 ● 吉田尚志

発行所 ● 株式会社　研究社

〒102-8152　東京都千代田区富士見 2-11-3

電話　営業 03-3288-7777（代）　編集 03-3288-7711（代）

振替　00150-9-26710

https://www.kenkyusha.co.jp/

KENKYUSHA

装丁 ● 久保和正

組版・レイアウト ● 渾天堂

印刷所 ● 研究社印刷株式会社

ISBN 978-4-327-09903-9 C1082　Printed in Japan